希利尔讲世界地理

每个孩子都该读的地理书

〔美〕V.M.希利尔 著

黄春豪 译

江苏人民出版社

图书在版编目（CIP）数据

希利尔讲世界地理/（英）希利尔（Hillyer，V.M.）著；
黄春豪译.—南京：江苏人民出版社，2012.3
（希利尔教育书系）
ISBN 978-7-214-07240-5

Ⅰ.①希… Ⅱ.①希…②黄… Ⅲ.①地理—世界—
儿童读物 Ⅳ.①K91-49

中国版本图书馆CIP数据核字（2011）第192426号

书　　　名	希利尔讲世界地理	
著　　　者	［美］V.M.希利尔	
译　　　者	黄春豪	
责 任 编 辑	朱晓莹	
出 版 发 行	凤凰出版传媒集团	
	凤凰出版传媒股份有限公司	
	江苏人民出版社	
集 团 地 址	南京市湖南路1号A楼，邮编：210009	
集 团 网 址	http://www.ppm.cn	
出版社地址	南京市湖南路1号A楼，邮编：210009	
出版社网址	http://www.book-wind.com	
经　　　销	江苏省新华发行集团有限公司	
印　　　刷	北京尚唐印刷包装有限公司	
开　　　本	700毫米×1000毫米 1/16	
印　　　张	17	
字　　　数	218千	
版　　　次	2012年3月第1版　2012年3月第1次印刷	
标 准 书 号	ISBN 978-7-214-07240-5	
定　　　价	32.80 元	

（江苏人民出版社图书凡印装错误可向承印厂调换）

　　每个孩子都需要一套自己喜欢的书，以解答有关我们这个世界的所有问题：地球上有些什么样的国家？每个国家有怎样的风土人情？人类历史上都发生了什么样的重要事件？那样重要的历史人物都做了什么惊天动地的大事？古往今来有哪些杰出的艺术家？为什么那会是一些不朽的名作？我们身边的古老建筑究竟是什么时候建的？人们为什么要建造这些东西？……基于人类历史、文化、艺术和知识的久远与博大，也基于孩子对知识的普遍欲求和其阅读的基本取向，美国伟大的教育学家维吉尔·希利尔耗时五年，以他广博的知识素养和全球旅游所见，写下享誉全球，孩子们最喜欢阅读的《希利尔讲世界地理》《希利尔讲世界史》和《希利尔讲艺术史》三部经典的知识性趣味读物。

　　这三部书不是一般意义的文化知识普及读物，而是全球孩子长到八岁以后家庭必备基础素质教材。我们知道，我们的日常学习是靠左右大脑的协同来完成的，也就是，既依靠左脑的逻辑思维、抽象概括能力，也依靠右脑的整体感知和形象思维能力，只有左右脑保持平衡、协调发展，才能完成复杂的学习活动。在这三部书的写作中，希利尔遵循并实践了这种科学的学习模式，将复杂的知识转化为图像，用简单的语言和易懂的事例加以表述，使孩子在阅读中无需绞尽脑汁，就能学到很多受用一生的知识。除了知识的传授，希利尔还想让孩子们知道：世界是丰富多彩的，它由众多伟大和平凡的人们所创造，有着鲜活的历史脉络，世界上的那些流传百世的艺术作品也乐意为善于学习的人掀开神秘的面纱。如此，也就让孩子在获取知识的同时，逐渐拥有开阔的胸怀、宽广的视野以及独特的审美观，这正是三部书的又一非凡之处。

在《希利尔讲世界地理》中，希利尔将枯燥的地名、河流名、山脉名融入到一次次趣味盎然的旅行中。希利尔带领孩子们从北美洲走到南美洲，又从欧洲走到亚洲，再走到非洲和大洋洲。枯燥乏味的地理知识在希利尔的笔下变得如此生动有趣，不知不觉中，孩子们就能完全了解世界各地的人文景观及地理风貌。

《希利尔讲世界史》是希利尔的另一部杰作。在书中，他对历史的讲述方式十分奇妙。希利尔摒弃了传统的讲述方式，采用时间阶梯法，将每一个世纪发生的重大事件和出现的伟人编成了一个个诙谐幽默的故事，通过这些生动的故事，希利尔会让孩子在不知不觉中突然明白，天地如此博大，历史如此悠久，而自己只是历史长河中翻动着的沙粒，人都应该以一颗包容的心对待历史的苦难与辉煌，而不是仅仅局限在以自己为中心的封闭生活中。

更值得称道的是《希利尔讲艺术史》，这本书分为绘画、雕塑和建筑三个部分。通过讲述每一件艺术品背后的故事，希利尔向孩子们传递了这样一个信息：艺术来源于最普通的生活，每个孩子天生就是艺术家，而每个真正的艺术家也都永远保留着一颗童心。

希利尔认为，写作、阅读、数学这些基础学科固然重要，但是历史、地理、艺术对于孩子的全面发展也必不可少，只有将所有的学科系统地结合起来，才能呈现给孩子们一个完整的世界。在今天，希利尔的这种教学理念还被众多教育学家所推崇，而这三部书，更是全球众多知名学校近百年来一直向学生推荐的素养提升最优读物。

我们组织力量重新翻译和编辑这三部经典读物，一是因为这套书虽历经百年的时光洗涤，其光辉仍有增无减；二是基于孩子们不断发展的阅读期望，在图片和插图上我们觉得很有必要下大力气提高质量和品位，在视觉上更加调动孩子的阅读兴趣，使之成为表里如一的家庭经典藏书。

刘娜
2011年秋序于雨中山城

目录
CONTENTS

序

第1章
从望远镜中观察世界

别以为你的眼睛无所不能，我问问你，你能看到自己的脸吗？

要是我告诉你不能，你信吗？不信，那就试试吧。

你可以看到自己的鼻头，你可以看到自己的嘴唇，你还可以看到自己红红的舌尖。但是无论你怎么努力，都看不到自己完整的脸。

当然啦，你可以通过镜子看到自己的脸。但是，这已经不是你自己的脸啦，你看到的只不过是一张脸的图片而已。

同样，又有谁能够看清楚我们地球的全貌，看清楚我们生活的这个世界呢？

站在平地，你仅仅能看到周围的景物；爬上高楼，你会看得稍远一些；登上高高的山顶，你会看得更远；要是乘坐飞机，你会从城市的这头看到那头。

但是，即使坐在飞机上，你也不可能看到整个世界。要想看到整个世界，你必须站得更高，高过任何山峰，高过云端，最好站在星星上面。也许你会问，为什么我们不可以通过镜子来看整个世界呢？可是，我们上哪儿去找可以照出整个世界的镜子啊？地球到底是个什么样呢？

海洋中的鱼可能会对它的孩子这样说："我们的世界就像一只硕大无比的圆桶，里面全是水，爸爸游到了最远的地方。"

沙漠中的骆驼可能会对它的孩子这样说："世界就是一个庞大的沙丘，全是沙子，妈妈从这头走到了那头。"

1

冰山里的北极熊可能会对它的孩子这样说："世界啊，到处都是冰和雪，像是一个超级大的冰柜。等你长大了，我就带你去周游世界。"

森林里的浣熊可能会对它的孩子这样说："世界的样子？孩子，我可告诉你，世界是一片无边无际的森林，一不小心你就会迷路，所以不能乱跑……"

同样，很久很久以前，父母这样告诉孩子："我们的世界就是一座无边无际的岛屿，或者是一块用泥做的馅饼，上面有海水、沙砾、冰雪和森林，有一个像锅盖一样的东西罩着。什么？你问我是怎么知道的，我哪儿没去过啊！"

有一些喜欢寻根究底的孩子问："馅饼一样的世界放在什么上面呢？"父母很认真地回答："四头大象上，它们把世界驮在背上。"

孩子继续问个不停："那大象踩在什么上面呢？"他们回答："在乌龟背上。"

"乌龟又踩在什么上面呢？"这时他们就无言以对了，因为他们对世界的认识到"乌龟"就结束了。那只乌龟孤零零地浮在空中，脚下什么都没有。

这是很久很久以前，人们眼中的世界。

这是很久很久以前父母讲给孩子听的故事，在他们眼中，世界就是这个样子。真是这样吗？

如果现在你手中有一根绳子，你可以把它的一端拴在高高的天上——就像你荡秋千时把绳子拴在苹果树上一样——然后你顺着这根绳子爬上云端，不就能看到世界的样子了吗？我知道世界是个什么样子，虽

西半球

然我从未爬过那根长长的绳子。

从遥远的太空看到的地球是圆圆的。事实上，地球不仅圆，而且还很亮——因为阳光照在地球表面上，让它变亮了，这就像在晚上，车灯把路面照亮了一样。由于地球不是透明的，所以在任何时候太阳都只能照亮地球的一半，被太阳照亮的一半就是白天，背着太阳的就是黑夜。但是，地球绕着太阳不停地转啊转，所以背着太阳的那一半迟早也会被照亮的。

假设我们在远望地球时用了望远镜——一种很神奇的镜子，那么它能让我们看到很远的东西，并且看得很清楚——我们会看

到在地球的一面有两块"补丁"，在地球的另一面，这样的"补丁"有四块。这些"补丁"都是地球上的大陆。我们给这些大陆取了不同的名字，如果这些名字用1600千米高的字母写出来，人们通过望远镜就可以在地球的一面看到：北美洲（North America）、南美洲（South America）。

地球慢慢地转呀转，就好像放电影时胶片滚动一样。等地球的另一面被太阳照亮时，我们会看到：欧洲（Europe）、亚洲（Asia）非洲（Africa）、大洋洲（Oceania）。

东半球

其实，在地球的最底端，还有：南极洲（Antarctica）。

通常，我们把硬币上印有人物头像的一面称为"正面"，另一面称为"反面"。但是地球没有"正面"和"反面"，它有另外一种叫法：东半球和西半球。在英语单词中，Hemisphere 就是"半球"的意思。在东半球上一共有四块"补丁"：亚洲、欧洲、非洲和大洋洲，而在西半球上只有两块：北美洲和南美洲。

我们把地球的上下两端称为两极——北极和南极。地球的两极被厚厚的冰雪覆盖着，这里常年没有阳光直射，异常寒冷，根本不适合人类居住。

地球上除了那几块"补丁"和冰雪外全是水，我们把这些大片大片的水域称为"洋"。所有的洋都连在了一起，那么我们怎么才能分辨出各个"洋"的位置呢？

你能区分左和右吗？如果你已经 3 岁了，那肯定行。你能够区分东和西吗？如果你已经 9 岁了，应该可以吧。**如果确实分不清楚，你可以记住：太阳会从东方升起，于西方落下。将双手平举成一条直线，右手指向太阳升起的方向，那你的左手边就是西方，脸对着的就是北方，背对着的就是南方。**

如果用北美洲和南美洲作为参照物，它的西边就是太平洋，东边就是大西洋，大西洋的西边就是印度洋——这可与美国的"印第安人"没什么关系。另外，位于地球最北端的是北冰洋，最南端的是南冰洋（又称南极海，指的是太平洋、大西洋和印度洋南部的海域），南冰洋中间的那块陆地是南极。大部分南极和南冰洋都被冰雪覆盖，因为那儿实在太冷了，水面上都结了一层厚厚的冰。人们可以在地图上给这些大洋标上名字，可是谁又能把大洋的名字写在地球的表面呢？要想在水上写出那些庞大字母简直比登天还难。

我最先介绍北美洲，其实这没有什么特殊原因。当然，如果我把北美洲放在最后讲，也完全符合常理，因为地球本来就没有上下之分。

地球就是这个样子。或许有人会问："除了地球，还有别的星球可以供人类居住吗？"很多人的答案是"有"。夜晚，当我们仰望星空时会看到无数繁星，在那些眨着眼睛的星星上很可能就有外星人的足迹，但是没人见过，因为即便是当今最先进的望远镜也没有办法让我们看到遥远星球上的东西。更多时候，我们只能凭借自己在地球上的生活经验来推测其他星球上的人是如何生活的。

第2章
地球是圆的

你独自离开过家吗？

我离开过，那是在我很小很小的时候，很可能比现在的你还小。

因为我想看看我们生活的地球到底是个什么样子。

妈妈曾经告诉过我，**地球是一个巨大的球，假如我一刻不停地往前走，就是沿着鼻子的方向不停地走，总有一天会回到出发的地方。**

我记住了这句话。一天早上，我趁家人还在熟睡的时候就偷偷地出发了，我决定去环绕地球，可是没走多远，天就黑了，一位非常和善的大个子警察叔叔把我送回了家。

长大后，准确地说是在还没有成家之前，我决定再绕地球走一圈。这一次我没有步行，我选择坐火车，朝着太阳落山的方向前进。天黑了，再也没有和善的大个子警察叔叔把我送回家。我继续向前走，一天接着一天，一周接着一周，一月接着一月，有时候坐火车，有时候乘轮船，有时候搭汽车，有时候还坐在动物的背上，我坚持向着太阳落山的方向——通常被人们称为"西"的方向——前进。

宽广的田地、茂密的森林、宁静的小镇、繁华的都市，都留下了我的足迹；桥梁、高山、山洞都留下了我的身影。后来，我走到一个大洋边上，然后坐船渡过了这个大洋，登上了另一块大陆。在这片陌生的土地上，到处都是穿着奇怪衣服的人，他们住在稀奇古怪的房子里，说着我听不懂的话，我还看到了很多从未见过的动物和植物。我又朝着原来的方向走，又渡过了另一个大洋……最后，

我真的回到了出发的地方！因此，我确信地球是圆的，因为我曾经绕着它走了一圈，但它不像个网球，更像一个鸡蛋，扁扁的、胖胖的。地球太大了，所以我们根本就看不出来它是一个球。

我差不多用了半年的时间来环绕地球——这的确是一段很长的时间，因为路程实在太远了，已经超过了40000千米。也有人用很少的时间就环绕了地球一周，比如乘坐"格拉夫·齐柏林号"飞艇环绕地球一周只需21天。

如果一个人在太阳刚刚升起时就跟着太阳走，那么当太阳落山时，他就走完了地球的一面，然后跟随太阳走完地球的另一面，那么在第二天太阳升起的时候他会回到前一天出发的地方。很显然，他在一天内围绕地球走了一圈。不过想要做到这一点，他必须每时每刻以每小时1600千米的速度不停地奔跑，这样才能跟得上太阳。每小时跑1600千米——那可是比子弹还要快的速度啊，事实上，没有人能做得到。

你可能知道，围绕在地球外面的是大气层，它把地球上所有的物体都包裹了起来，就像大海里的水把海里所有的东西都包起来一样。但是你可能不知道，大气层包裹着的仅仅是地球，它并没有把整个天空都包住。要是有人把鱼从大海中捞出来，鱼很快就会死去，同样，如果把整个大气拿走，人类也会很快死亡。大气层距

我绕地球走了一圈。

第7章

地球是圆的

离地面越近就越厚，越远就越稀薄。飞机的飞行高度通常只有几千米，如果飞得再高一点，稀薄的大气就支撑不起飞机的重量了。飞机必须依靠空气才能将发动机的力转换成推力，这和船必须依靠水把划桨的力转换成推力是一个道理。没有大气层，飞机就不能起飞，这就如同船没有水就不能航行一样。

宇宙飞船之所以能够飞到大气层之外，是因为它飞行的动力不是来源于空气，或许有一天我们能乘坐宇宙飞船到月球上或其他星球上旅行。你想坐上飞船到太空中遨游吗？你想登上月球成为英雄吗？到了月球，你就会发现，那里没有任何有生命的东西，到处都是死气沉沉的，连大气层都没有。但是，说不定在其他星球上就有植物，或许还有动物，这种事情谁都无法预料。

有些山高得已经超出了人们的想象，它们的山顶已经伸到了大气层的外面，所以山顶上的空气非常稀薄。如果你想登上山顶，必须要带上氧气瓶才行。

也许你觉得自己能看到空气，事实上你看到的只不过是烟或云，不是空气。**空气一流动，就会形成风。当风吹走你头上的帽子时，你能感到它的存在；当风吹得你的窗子砰砰响时，或是发出呼啸声时，你也能感到它的存在，但是你永远都看不见空气是个什么样子。**

很久很久以前的地球不是我们现在看到的样子，那时它是个巨大的、熊熊燃烧着的火球，上面没有人类，也没有动物和植物。后来，地球不再燃烧，渐渐变成了一个炽热的岩石球，只是这个岩石球上没有水，因为水不能待在这么热的东西上。水遇到高温就会变成水蒸气飘浮在地球的上空。随着地球变冷，飘在地球上空的水蒸气就会变成雨落到地球上。雨不停地下，直到整个地球表面都被雨水覆盖。

地球还在继续变冷，变冷之后它就开始收缩，然后变得皱巴巴的——就像我们平时爱吃的话梅一样。后来，这些"褶皱"不断地被抬高，渐渐露出了水面，形成了陆地和高山。现在地球内部仍在

地球最初非常热，随着地球逐渐降温，水蒸气凝结成了云，变成雨降落了下来，雨一直持续下了几百万年从而形成了海洋，之后，陆地从海洋中升起，就成了今天地球的模样。

不停地运动，有时候我们感觉摇晃得很厉害，这是由于"褶皱"运动产生了地震。

比起当初陆地从海底冒出来时引起的晃动，现在的地震简直太小儿科了。当时，地球不仅摇晃得十分厉害，还发出了震耳欲聋的声音，这声音大得在其他星球上都可以听得到，仿佛世界末日就要来了。不过，这仅仅是科学家的一种猜测。或许陆地从海底钻出水面的时候，就像一棵小草从地里探出头来，轻柔、缓慢、无声无息。到底是哪一种情形呢？我们不知道，因为谁也没有亲眼见过，我们唯一能够确定的是：今天的大陆是从海里冒出来的，因为在很多山顶都发现了贝壳的化石。我们都知道，贝壳生活在海里。

第 **3** 章
地下是什么

我是一个好奇心特别强的小孩。"你简直就是一个天生的'十万个为什么'！"我的妈妈曾经这样评价我。

有一天，我和她一起在大街上散步。我一边走，一边慢吞吞地数着自己的脚步，数着数着，我的好奇心就来了：

"妈妈，你知道人行道下面是什么吗？"

"哦，不过是些泥土罢了。"

"那泥土下面又有什么呢？"

"哦，应该是更多的泥土吧。"

"那更多的泥土下面还有什么呢？"我对她的回答充满了怀疑，索性就穷追不舍地问下去。

"噢，这我就不知道了——应该什么也没有吧——你的小脑瓜里究竟装了多少个问题啊？"她说。

妈妈的回答使我对地底下究竟有什么愈发地好奇，我猜测地底下一定藏满了有趣的东西，总有一天我会把它们都挖出来。

我一直很努力地做个好孩子，因为我听说——那是一个传说——坏小孩死后会被关在山洞里或者地底下一个非常恐怖的洞穴里。

我还听说，地球另一端的中国人可以头朝下走路。关于这一点，我想了一天也没想明白。

于是，我决定亲自去验证这两件事情。我想，只要我挖穿了地球，就可以到它的另一端一探究竟。那个时候，我还是一个小不点，

我曾想过挖穿地球。

甚至还拎不动稍大一点儿的铲子。于是，我就拿了一把小铲子，偷偷地跑到我家后院的葡萄架后面——这是一个比较隐蔽的地方。因为我认为，在把地球挖穿之前，这件事一定要严格保密。我选了一块泥土比较松软的地方，然后就动手挖了起来。我一天比一天干得起劲，很快就从松软的泥土挖到了坚硬的岩石。

有一天晚上，爸爸突然问我："你为什么要在院子里挖一个那么深的坑啊？"

我的秘密被发现了，虽然到现在我也不知道爸爸是怎么发现的。他听了我的计划后，并没有嘲笑我，只是问了一句："你知不知道要挖多深才能挖穿地球啊？"我没有吭声。

"你知道华盛顿纪念碑多高吗？你可以挖到像它那样深吗？"他又问我。

我没有立马回答爸爸的问题，因为我想说我能，但又不敢确信，那时，华盛顿纪念碑对我来说实在是太高了。

"人们挖的井的深度往往是华盛顿纪念碑的好几倍，"爸爸告诉我，"即便是挖到了那样的深度，与挖穿地球相比还差得太远。如果你能挖到比华盛顿纪念碑深几千倍的话，你可以挖到地球的中心，但这是不可能的。因为从你现在挖的地方开始，要想穿过地心到达地球另一面，大概需要 12000 千米。途中你遇到最多的就是岩石，坚硬无比的岩石。"

"你又没有挖穿过地球，怎么知道要挖 12000 千米深呢？"我不愧是一个充满好奇心的小孩。当时爸爸给了我一个答案，但是现在我记不清楚了。不过，长大后我就知道了另一种测量地球直径的办法。

我们可以用这样一个有趣的现象来开始我的讲解：**每一个球，不管是大是小，它最大的一圈，长度约是直径的三倍多一点。**我曾经对这个结论表示过怀疑，为什么恰好是三倍多一点，而不是四倍或者五倍呢？为此我又做了许多实验，实验的结果居然和这个结论相符。现在，你若不相信，也可以量一下一个橘子或苹果的周长，然后再切开量一下它的直径，你就知道我没有骗你。

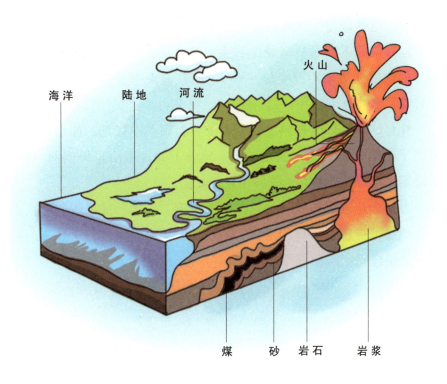

地壳的截面图。

现在，我们都知道地球也是一个球，而且是一个巨大的球。既然它是一个球，那么它应该像所有的球一样：直径的三倍多一点就是周长。人们已经通过各种方法测量出了地球的周长，大约是40000千米。从这一点出发，我们就可以计算出地球的直径，也就是12000千米左右，因为3个12000千米非常接近40000千米。如果你还小，不妨请爸爸妈妈帮你计算一下，看看是不是这个结果。

地球表面的那圈岩石就像是烧焦了的土豆的外皮一样，而地壳更像是糕点店里卖的多层蛋糕，一层又一层，每一层都由沙子、贝壳、煤或者小石子组成。要是像切苹果那样把地球切成两半，我们就能看见地壳一层一层的样子。

岩石之间通常会有煤，就像果酱蛋糕中会夹着果酱一样。而在另一些像蛋糕的岩层中，则有金、银、钻石和宝石，有的岩层中还有石油，这就是为什么人们通过挖井，就能挖出石油与矿产。

岩石层的下面是更坚硬的石头，再往下，温度会越来越高——地球的这部分从来不曾冷却过——岩石在高温下被熔化成像水一样的岩浆，到处流动。

看到烟囱，你会想到下面有炉子。看到烟囱冒烟，你肯定能想到炉子里一定有什么东西在燃烧。地球上的许多山也像烟囱一样，会时不时地冒出烟和火，这些山就是火山。

为什么是岩石构成了地球，而不是铜、玻璃，或是陶瓷呢？为什么地球呈现出球一样的形状，而不是盒子、线团或者干脆是一只旧鞋的模样呢？

第 4 章
看不到尽头的队伍

　　你见过游行队伍吗？他们排着长长的队在街上走。我曾经见过一支士兵组成的游行队伍，他们一整天都在不停地走，不停地走，我在他们后面跟了整整一天，因为我想看看他们到底要走到什么时候。这是我见过的人数最多的游行队伍，至少有十几万人，他们从太阳升起一直走到太阳落山，而且从那以后，我再也没有见过那么长的游行队伍。地球上究竟有多少人呢？我想，假如把地球上所有的人一个接一个地排成游行队伍，肯定要用一辈子的时间。因为我从爸爸那里得知，地球上的人差不多已经有65亿了！算一算，这可是很多很多个十几万呢。

　　每时每刻地球上都有小孩子诞生，每分钟差不多就有200多个。也就是说在你阅读这本书的时候，很多小孩子就已经呱呱坠地了。有人出生，也就有人死亡，钟表的每一声"滴答"都预示着一些人来到了这个世界，而另外一些人则永远地离开了。但是，总的来说，地球上每分钟出生的人远远多于死去的人，所以地球上的人才会越来越多。

　　你有没有见过不同肤色的人的照片？比如黄种人和白种人。他们虽然有着不一样的肤色，但身高和体形都很相似。说到这里，你可能会有疑问："拇指姑娘和风车巨人为什么就有那么大的差别呢？"那是因为他们都是童话故事里的人物。我们经常幻想着自己可以像鸟儿那样在长胳膊的地方长出翅膀，像变形金刚那样在脚底下长出

轮子，但这是不可能的。我们人类有着共同的特征——都长着一个脑袋、一张嘴巴、一个鼻子、两只耳朵、两只眼睛、两只手和两只脚。但是，我们肯定不能从全世界65亿人中找到两个完全一样的人，即便是双胞胎，他（她）们之间也会有差异。

我们常常按肤色来区分人种，因为这是人与人之间最大的不同。在地球上生活的65亿人中，其中一部分是白种人，还有一部分是黑种人，数量最多的是黄种人，比如中国人、日本人等。很久很久以前，不同的肤色的人生活在不同的地方。后来，随着人口的迁移，各色人种就混居在一起了，就像北美洲原是黄种人（印第安人）的聚居地，但现在也有黑人和白人。

假如，你生下来就有着黑色的皮肤，

或者，你的父母不是地球人，

或者，你出生在别的星球，

或者，你从未出生过。

那么，你现在会在哪里呢？

我们都属于某个国家，而这些国家又分布在地球的六个大洲上（其实，地球上有七个大洲：亚洲、非洲、北美洲、南美洲、南极洲、欧洲和大洋洲。只是目前南极洲只有一些科学考察人员和捕鲸队出入，并无国家和居民。——译者注）地球上一共有两百多个国家和地区，它们有的很小，只有几千人；有的很大，拥有十几亿人。美国是一个拥有三亿多人口的大国，不过好几个国家的人口比美国还要多。在美国的另一面有一个叫中国的国家，它的人口最多，差不多是美国人口的五倍，而距离中国不远的印度——人口也已经超过十亿——是世界上人口第二多的国家。

中国和印度都在亚洲，亚洲的面积约为4400万平方千米，是世界第一大洲，但是它的英文名字"Asia"却是各大洲中字母最少的。

我们通常会说：我家是由妈妈当家或由爸爸当家，前不久，在

看不到尽头的队伍

美国还流行着这么一种说法：小鬼当家。同样，每个国家也需要一个"当家的人"，就像每个家庭里都需要一个"家长"，每个球队里都需要一个"队长"一样。有些国家称这样的人为国王，有些国家称总统，还有些国家称首相，但是无论叫什么，他们履行的职责都是相似的，即统治这个国家。除了国王、总统、首相以外，统治国家的还有其他的人。

国王的称号是世袭的，可以由父亲传给儿子，所以一个家族可以世世代代都是国王；总统则是由人民通过选举产生的，就像从队员中选举足球队长一样，一个人需要有足够的民众支持才能成为总统。国王的任期是无限的，可以一辈子都是国王；总统的任期则是有限的，一般每过几年就要重新选举一次。

由国王统治的国家被称为王国。假如一个人统治着好几个国家，那么这个人会被称为皇帝，这几个国家也有一个统一的称谓叫帝国。由总统统治的国家则被称为共和国，美国由总统统治，所以它是一个共和国。国王或总统与辅助他们一起统治这个国家的人组成了政府。政府制定法律让全国人民遵守，还拥有货币和邮票的发行权。任何一个国家发行的钱币和邮票都没有优劣之分，而语言作为交流的工具，就更没有优劣之分了。

地球上的人分散在各个大洲，他们都有自己的语言，即使在同一个国家的不同地区，语言的差别也很大。全世界共有 5600 多种语言。5600 种，这是一个多么惊人的数字！通常，我们只会说一种语言，这样我们就无法与那些说别的语言的人交流了。英语是美国的通用语言，但是它原来是欧洲的一个国家——英国的语言。假如有一天你去欧洲大陆，你会发现，在你出游的任何一个地方——大街上、商店里、宾馆中——都可以听到这种语言。

我是一个地地道道的美国公民，自然而然也和所有的美国人一样用英语说话，用英语阅读和写作。假如我出生在亚洲，是一个黄

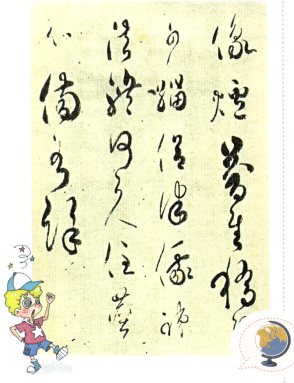

种人——更具体地说是一个中国人时，我就得用汉语交流了。同样，假如我出生在非洲，是一个浑身棕黑的孩子，说的可能就是一种连名字也叫不上的语言。我曾经见过一个人，他会说12种不同的语言，我还听说有人能说100种语言呢。这人得多聪明啊！要知道，学会一种语言通常需要好几年的时间。许多语言都和英语一样有字母，它们属于印欧语系。世界上还有一些国家的语言，如汉语、日

上图就是日语，它看起来是不是有点像汉语的草书呢？那是因为在五六世纪时，汉语被介绍到日本就成了日语的一个书写体系。

语，它们跟罗马语系的语言完全不同。

第5章

十三州俱乐部

在美国，如果你想让一座医院、图书馆或者博物馆署上自己的名字，肯定需要一笔不菲的资金，可能需要上百万美元。然而，有意思的是，有一个叫亚美瑞格·韦斯普奇（Amerigo Vespucci）的人几乎什么都没做，更谈不上有什么杰出贡献，自己也从未提出过这种要求，但是美洲（America）却是以他的名字来命名，而且人们还会永远这样叫下去。

先听听这首歌吧，开始部分是这样唱的："祖国啊，我那美丽自由的故乡，我日日在为你歌唱。"这首歌里的"祖国"你知道指的是哪里吗？它只不过是北美洲的一小部分——美国。

你见过五美分的美国硬币吗？如果没有，我可以告诉你，五美分硬币的正面是一名印第安人，看他的头发就知道了；硬币的反面是一头体型强壮的水牛。为什么正面上印的不是白人而是印第安人，反面不是一匹马或一头奶牛呢？

那是因为在很久很久以前，美洲还没有白人、马匹或奶牛，只有很多印第安人和大批的水牛。如今，美国的印第安人和水牛已经少得可怜了。硬币上的印第安人和水牛可以提醒我们：**印第安人是美洲最早的居民，而水牛曾经被印第安人称为"我的家和保护者"**。

假如你再凑近一点，就会看到硬币上面刻着美国的全名"United States of America"，即"美利坚合众国"。如果我们每次谈到美国的时候都说"美利坚合众国"的话，那就太麻烦了，所以我通常把它简称为美国或 U.S.A. 或 U.S.。

你见过这么一个人吗？高高的个子，头上戴着一顶绣满了星星的帽子，上身穿着长长的燕尾服，下身穿着红白相间的条纹裤子，这一身衣服好像是用美国国旗做的，他就是在美国家喻户晓的"山姆大叔"。可能你会觉得他的样子比较好笑，但是在 1961 年，美国国会通过一项决议，正式确定"山姆大叔"作为美国的象征。更巧的是，山姆大叔（Uncle Sam）的英文名字的缩写（U.S.）和"美利坚合众国"的简称（U.S.）一模一样。

山姆大叔

从地图上看，整个美国就像一条打满了"补丁"的"被子"，这些"补丁"就是组成美国的各个州。州和州是连在一块儿的，地图上标着的那些"针脚线"一样的分界线根本就不存在，我们可以在不知不觉中从一个州走到另一个州。每个州都有独特的城市、乡镇和村庄。我就住在美国的其中一个州——马里兰州，你可能住在得克萨斯州，但是，在美国还有一些地方，它们不属于任何一个州，一会儿我就告诉你。

美国各个州的交界线各不相同，大部分州的交界线是直的，有些州的交界线则是弯弯曲曲的。各个州的面积也差异巨大，有些州的面积很大，有些州的面积很小。阿拉斯加州是美国第一大州，它的名称来自爱斯基摩语，意思是"大地方"。罗德岛州是美国最小的州，说它是"岛"其实并不合适，因为它位于美国中部上面偏右的地方——不过，一般情况下，不应说"中部上面偏右"，而应说在"东北方"。罗德岛州虽然是美国最小的一个州，但是州内却有 33 个州

十三州俱乐部

立公园，63 个州立海滩，还被誉为世界的"游艇之都"。阿拉斯加州的面积大概是罗德岛州的 470 倍，也就是说，你可以把 470 个罗德岛州装进阿拉斯加州里。

很久很久以前，美国并不存在，这里只有 13 个面积非常小的州，他们渴望联合起来组成一个"俱乐部"以增强自己的实力。有一个广为流传的故事是这样说的：有个人想同时把一束树枝折断，但是无论怎样用力，最终还是无法如愿。这时，另外一个人就给他出了一个主意：先把这束树枝一根根分开，然后再一根根地折断，这样就容易多了。由此可见，彼此分散的话，很容易就被敌人打败，如果联合起来，力量就大多了。所以，这 13 个州就联合起来组成了一个"十三州俱乐部"，还取了另外一个名字——美国，"联合就会强大"也成了美国人的座右铭。

审图号　GS(2004)071 号

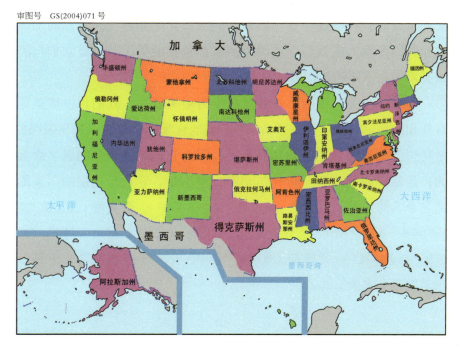

打满"补丁"的美国地图。

　　"13"在西方人的眼中是一个倒霉的数字，谁也不想和"13"沾上边。不过在美国，这13个州的人从不担心这个数字会给他们带来厄运。他们的国旗上就有13道条纹，其中7道是红色，另外6道是白色，并且在国旗左上角的蓝色区域内，聚集了13颗白色的小星星，每一颗小星星代表一个州。其他一些位于北美洲的州觉得加入这样的"俱乐部"应该会有好处。于是，"十三州俱乐部"的成员越来越多，直到现在的50个。每当一个新的州加入美国时，国旗左上角的蓝色区域就会增加一颗星，**所以现在美国国旗的左上角一共有50颗星，他们聚集在一起也象征着50个州紧密地联合在一起**——这也是"e pluribus unum"出现在美国硬币上的原因，因为这个词本来就是"由少增多"的意思——但是为了保持国旗美观大方，国旗上的条纹数量不再增加。

　　在北美洲不止美国一个国家，也就是说并不是北美洲所有的国家都希望并且能够成为这一俱乐部的成员。比如说美国北部的加拿大和美国南部的墨西哥，这两个国家都紧挨着美国，但是它们与美国有着完全不同的统治者，是两个独立的国家。

　　如今，在美国还生活着数量很少的印第安人，我们也发现美国有些州的名字是用印第安语命名的。你能在地图上把它们找出来吗？是马里兰州或弗吉尼亚州吗？不是，因为它们是以女孩的名字命名的；是新泽西州或新罕布什尔州吗？也不是，它们是用别的国家的地名命名的。像明尼苏达（意思是"天空和水滴"）、俄亥俄（意思是"美丽的河流"或者"硕大"）、亚利桑那（意思是"细细的泉水"）、阿肯色（意思是"靠近的风"）、爱达荷（意思是"山中的宝石"）等州的名字才是以印第安语命名的。

第6章

沼泽地建的首都

你会把一顶帽子戴在哪里？肯定是头上。

其实头有两种比较有意思的解释，上尉有头的意思，他是士兵的"头"（领导）；首都也有头的意思，它是一个国家的"头"（心脏）。

当我还是个小孩子的时候，就住在美国的首都（capital），你可别以为我住在美国的国会大厦里。首都和国会大厦是不一样的，虽然它们的发音几乎一模一样，并且两个单词只有一个字母不同，非常容易混淆。想想我也不可能住在美国国会大厦里，就连美国总统也没有资格住在那里。

美国刚刚成立的时候，必须要找个地方建首都，当时人们一共提出了八个备选地点。最终的结果很出人意料，因为确定下来的是一块沼泽地，但这不是一块平常的沼泽地，它处在当时美国的中心位置，有一个响亮的名字——华盛顿，是以美国第一任总统乔治·华盛顿命名的。小时候，我还能在华盛顿见到成片的沼泽洼地和水塘。现在，华盛顿已经成为全世界最漂亮的城市了，拥有赏心悦目的公园和高大雄伟的建筑。而且，如今的华盛顿不再是美国的中心，它距离美国的中心位置大约有1600千米，是美国的边界城市。知道为什么吗？首都华盛顿没有变，变化的是美国的领土。

美国共有28个城市叫"华盛顿"。翻开地图看一下，首都华盛顿好像在马里兰州，事实上华盛顿不属于任何一个州，它是一个特区，全名叫"华盛顿哥伦比亚特区"，是为了纪念第一个发现美洲

谁都没资格住在美国国会大厦里，因为那是商议国家重大事情的地方，比如对外宣战、修改宪法等。国会大厦最大的特色就是有个圆屋顶，圆顶上面还有一个小圆塔，塔上立着自由女神像。

大陆的哥伦布而命名的，简称为 D.C.。如果有一天你想给住在首都华盛顿的朋友写信，千万不要忘记在"华盛顿"后面加上"D.C."。如果你忘记了，信件很有可能就被投到其他地方了。

小时候，说到世界上最美丽的建筑，我首先想到的是国会大厦。但是，当我看过全世界最美的建筑后，我的想法就慢慢发生了改变。我曾经尝试着在沙堆里搭建心中的国会大厦，我小心翼翼地把一盒湿沙子装满整个鞋盒，用手压实，然后轻轻地把盒子翻过来，再慢慢地把盒子拿掉，尽量不让沙子散开，最后我再用相同的方法，用随身携带的水杯给"国会大厦"做了一个圆屋顶。

我原以为在任何国家，带圆屋顶的建筑一定是国会大厦，后来才发现根本就不是这样的。最早有圆屋顶的建筑不是国会大厦，而是教堂，而且很多国家的国会大厦根本就没有圆屋顶。小时候，我经常爬到圆屋顶上去，在那里可以看到像火柴盒一样的房子，像蚂蚁一样的行人。

美国的国会由两院组成，即参议院和众议院，参议院位于国会大厦的南面，众议院位于国会大厦的北边。 在参众两院里，议员们就像学校里的小学生一样坐在座位上，商量着各种事情。美国的法律就是在这里由这些议员制定出来的，一旦这些法律通过了，所有的美国人都必须遵守。进入参议院的人就是参议员，进入众议院的人则是众议员。参议员和众议员没有性别限制，男人和女人都可以平等地参加竞选。

白宫刚建成的时候并不是白色的，而是一栋灰色的沙石建筑。1814年，美国和英国之间爆发战争，这座宫殿被英军烧了。后来为了掩盖烧焦的痕迹，美国人就把这座建筑刷成白色的了。

华盛顿纪念碑有169米高，仅仅是地球直径的万分之一，所以小希利尔是不可能从地球的一端挖到另一端的。但是，要想攀登华盛顿纪念碑就容易得多了。纪念碑内有50层的铁梯，要想更快，还可以乘坐高速电梯，仅仅70秒就能到达碑顶。

无论是像阿拉斯加州这样的大州还是像罗德岛州这样的小州，选出的参议员人数都是两名，参议员进入国会的目的就是维护本州的利益。同时，每个州还要选派众议员进入国会，众议员的多少由每个州的人数来决定，比如说，人口众多的纽约，众议员就非常多，相反，人口稀少的州可能只有一名众议员。当国会大厦圆顶上的旗帜升起时，就表明国会会议正在进行。

沼泽地建的首都

在国会大厦东边不远的地方有一座巨大的建筑，建筑的上方有一个金色的圆屋顶，这就是国会图书馆。想在美国出一本书吗？如果你有这样的计划，必须先送两册到国会图书馆，取得了"复制印刷的权力"才能进行出版印刷，而且一旦你有了这种权力，其他任何人或组织没你的许可都不得复制或者印刷该书。国会图书馆的藏书有 1.3 亿册，光是书架的长度就超过了 800 千米，是世界上藏书量最多的图书馆。

"专利"在日常生活中十分常见，只要你看看家里的照相机、电视机或别的机器就很容易发现这个词。在美国，如果你发明了一样新玩意儿，就可以到位于华盛顿的一座被称为专利局的大楼里去申请专利。申请专利的时候，你必须先把这个东西的模型——无论是一支钢笔、一架飞机还是一个捕鼠器——送到专利局，只要这个东西是有用的，而且是以前没人发明过的，你就可以获得专利局授予你的生产和出售这种东西的专一性权利，也就是说，其他任何人都不能在没有经过你允许的情况下生产这种东西了。但是并不是所有的发明都能用于实际的生产和生活，有些专利发明特别稀奇古怪，曾经就有人发明了一种用铁腿走路的蒸汽机。小时候我也发明了一种"即时弹回"的手帕——当我用手帕擦完鼻涕，拴在手帕上的橡皮筋就会把手帕拉回口袋里，但我认为这种东西不适合去申请专利。

在华盛顿，几乎每个人都知道一条名叫宾夕法尼亚的大街，它也被叫做"游行街"，在这条街上，你经常能看到一些长长的游行队伍。前进！勇气！狂欢！飘扬的旗帜在这条街上形成了一处独特的风景。这条街从国会大厦一直延伸到财政部大楼，全长约 1.6 千米。财政部是保管钱财的地方，在面额 10 美元的纸币上就有财政部大楼的图案。"U.S."是美国（United States）的简称，人们同样用"US"来代表美元。假如你把"U"写在了"S"上，再把"U"的底部切掉，就成了"$"——美元的符号。

在华盛顿，还有一栋非常特殊的大楼，是印刷纸币和邮票的地方。

如果你有机会到这栋大楼里去参观，导游很可能会这样介绍："看那边正在摇印刷机手柄的工人，他一天内创造的财富就有一百万美元！"

"哇，那世界上最富有的人肯定就是他了！"

"不，千万不要误会，实际上他一天的工资只有50美元。"

银币、金币或铜币等金属钱币是在铸币厂里制造出来的，但铸币厂并不在华盛顿。

说到博物馆，我小时候就有一个，那是一个用得很旧很旧的书柜，

林肯是最受尊敬的美国总统之一。他揭露奴隶制的丑恶，并废除了奴隶制，维护了美国的统一。他的精神永存美国人民心中。

里面摆放着海星、贝壳、鸟窝和金色的石头等。在华盛顿也有一个博物馆，它大得让人无法想象，你可以在里面看到琳琅满目的、来自世界各地的奇珍异宝。

在美国，白色的房子很常见，不过，有一座白色的房子却很特殊，那就是紧挨财政部的白宫——总统住的地方，在 20 美元上你可以看到它。走进白宫的后花园，最先看到的是一座纪念碑——那是为了纪念美国第一任总统华盛顿而建的。华盛顿纪念碑有 169 米高，是世界上最高的石刻作品。从远处看，华盛顿纪念碑就像一根巨人的手指。你可以乘坐电梯快速到达碑顶，也可以通过楼梯爬上去。我就喜欢爬楼梯，通常一步跨两个台阶——这样做仅仅是为了好玩，如果从上面下来，我可以一下跳过六个台阶，真是比坐电梯还快呢。

在华盛顿纪念碑前，有一个像镜子一样的水池，这个水池叫反省池，在水池中你可以看到纪念碑的倒影。反省池的另一端是一座四周环绕着柱廊的大理石建筑，这是人们为纪念美国第十六任总统——林肯而建造的林肯纪念堂，在 5 美元的纸币上你可以看到这个建筑。林肯出生在一间简陋的木屋里，这间木屋非常小，你家的任何一个房间可能都比它大。没有谁比林肯更贫穷、更缺少机会了，但他最终成了美国历史上最著名的总统之一。在林肯担任总统期间，美国分裂成了南北两个对立的联盟，它们之间爆发了激烈的战争，这就是美国的南北战争。在国家随时都面临分裂的危急关头，林肯挺身而出，维护了美国的统一。人们为了纪念这位伟大的总统，就专门为他建造了一座雄伟的纪念堂，里面摆放了一尊坐在椅子上的林肯雕像。他安静地坐在那儿，注视着前来瞻仰他的人群，他的精神因这座雕像而获得永生。

第 7 章

女王的领土 男士的森林

回忆一下，你有没有用玩腻的陀螺交换过渴望已久的弹珠呢？

当世界上还没有华盛顿和美国的时候，有一条河静静地流过现在的华盛顿地区，在河边住着一群头戴羽毛的印第安人。他们划着独木舟，在河上与其他印第安人进行交易。他们用来交易的东西五花八门，有珠子、毛皮、弓箭、玉米、土豆，等等。在印第安语中，"波托马克"是商人的意思，所以，这条孕育了印第安商人的河就被称为"波托马克河"。有趣的是，波托马克河恰好是美国两个州的分界线，这两个州是用两位女王的名字命名的，它们就是马里兰州和弗吉尼亚州。有一些印第安人划着独木舟顺流而下，最后来到一片像大海一样宽阔的水域，他们给这片水域取了个名字，叫做"切萨

萨皮克湾

女王的领土 男士的森林

皮克"，意思是"百川之母"。如今，在美国地图上很容易看到"切萨皮克湾"，它是美国最大的海湾。

你喜欢吃田螺、水龟或青蛙吗？一提到这些东西，有些人可能就会流口水了。切萨皮克湾盛产牡蛎，但是在很久以前，谁也不知道牡蛎是可以吃的。直到有一天，一个印第安人饿坏了，他找遍了所有地方，也没有发现可以吃的东西。他觉得自己马上就要饿死了，于是就在切萨皮克湾捞了几只牡蛎，敲开它们的壳后，不管三七二十一就狼吞虎咽地吃了起来。结果，他发现牡蛎肉十分鲜美，而且吃起来也很方便。这消息一传十，十传百，很快牡蛎就成了印第安人的一道美味。现在，几乎所有的美国人都喜欢吃牡蛎，不管是生的还是熟的，只要一看到牡蛎就难敌诱惑。当然，牡蛎并不是切萨皮克湾才有，但很多人认为这里的牡蛎是最好吃的。牡蛎通常在七月份开始生长，它最佳的食用期是第二年的三月份左右。

在切萨皮克湾的附近，有两座较大的城市，它们分别是安纳波利斯和巴尔的摩。"安纳波利斯"是根据女王安娜的名字命名的，意思是"安娜之城"。加上前面提到的两个州，**我们现在已经知道有三个地方是以女王的名字命名的。它们分别是安纳波利斯**（安娜之城）、**马里兰州**（玛丽的领土）**和弗吉尼亚州**（弗吉尼亚的领土）。安纳波利斯是马里兰州的政治中心——就像华盛顿是美国的政治中心一样。在安纳波利斯有一所专门训练水兵海上作战的学校，那就是美国海军学院。想进入美国海军学院学习可不是一件容易的事，必须通过层层选拔。海军学院的主要任务是为美国海军舰艇部队、海军航空兵部队和海军陆战队培养军官，学员要学习的包括与船只、作战和地理相关的所有知识，并且要学会指挥船只。

巴尔的摩的名字来自一位叫巴尔的摩的英国男爵，它是马里兰州最大的城市。在这座城市里诞生了美国的第一条铁路，它从巴尔的摩一路向西，直到俄亥俄州，这就是著名的"巴尔的摩－俄亥俄铁路"，

简称"巴俄铁路"。巴尔的摩可称道的还远不止这一点,这里有全世界最大的火车头博物馆,还有著名的约翰·霍普金斯大学和约翰·霍普金斯医院。约翰·霍普金斯大学吸引了世界各地的优秀学子,约翰·霍普金斯医院也为全世界众多的病人解除了病痛。

很久以前,马里兰州北部有一个被森林覆盖的州,一个叫做宾的男人管理这里,后来,人们把这里称宾夕法尼亚,意思是"宾的森林"。很多年以后,随着气候的变化,森林的树木死光了,木头被风沙埋入地下,慢慢变成了黑色的石头。很多年又过去了,这些黑色的石头被人们挖了出来,人们发现它们居然可以燃烧,于是它们就被当做燃料使用了。这些可以燃烧的石头就是我们现在所说的"煤",现在你知道"煤"不是从地底下长出来的,而是由埋在地底下的木头形成的了吧。

煤分为硬煤和软煤。你可能会觉得很奇怪,煤还有软的吗?其实,软煤不是因为它真的像垫子一样软,而是因为它很容易碎。硬煤燃烧后产生的灰尘较少,所以价格要比软煤贵很多。硬煤主要埋藏于宾夕法尼亚的东部,软煤则主要分布在西部。

在宾夕法尼亚州的矿山里有成千上万的矿工,他们长年待在矿井中,辛勤地挖着煤,不分白天和黑夜。正是有了他们辛勤的劳动,蒸汽机才能运转,冬天才有暖气。但是,由于日复一日、年复一年的挖掘,宾夕法尼亚州的地底下多出了很多大洞。

宾夕法尼亚州的铁矿资源也很丰富,这些铁矿不像煤一样一层一层地分布在岩层中,而是与地下的岩石混在一起,这种含铁的岩石被称作铁矿石。为了提炼出铁,工人们把铁矿石放进专门的冶铁炉中,经过高温冶炼,铁矿石中的铁熔化成铁水,冷却凝固形成生铁。

要想把铁从铁矿石中冶炼出来,必须有足够的热量,煤炭就是提供热量的最好燃料。由于煤和铁不是均匀分布的,所以有些地区有铁矿石但没有煤,有些地区有煤但没有铁矿石。就像玩棒球的时候,有些男孩手里有球但没有球棒,另一些男孩有球棒但没有球一样。匹

女王的领土 男士的森林

兹堡却是个例外，它位于宾夕法尼亚州的西部，是一个既有煤又有铁矿石的地方，就像一个男孩既有球棒又有球一样。

当地的人们从铁矿石中提炼出铁，又把铁炼成钢，再用钢制造出火车用的铁轨、建筑中的横梁和河上的桥等。

《圣经》中有一个叫"费城"的地方，也在宾夕法尼亚州，意思是"兄弟之爱的城市"。费城不仅是宾夕法尼亚州最大的城市，也是美国的第四大城市。今天的费城远不及历史上

别看这是口有裂缝的钟，它的意义大着呢！它是费城的骄傲，是美国自由的象征。其实这口钟刚铸好运到费城就裂了，然后重新铸造了一次。现在钟身上的裂缝是1845年庆祝华盛顿生日时被敲裂的。

的它辉煌。在华盛顿成为新首都之前，费城一直是美国的首都，但现在它连宾夕法尼亚州的首府都算不上。费城有一座叫"独立厅"的建筑，厅内悬挂着一口大钟，美国刚成立的时候，每逢有重大场合或有纪念意义的时刻，人们都会敲响它。现在，这口钟已经被保护起来了，不许人再敲。它是美国历史上最珍贵的一口大钟。

全世界最大的"浴缸"位于新泽西州沿海地区的大西洋城，它被视为旅游胜地，来自世界各地的游客都在那里尽情地享受着阳光浴和盐浴。大西洋城海边有一条由木板铺成的人行道，长达几千米。在人行道两旁的娱乐设施真是太多了，你可以一边走一边玩。如果你想亲自体验一下，就去大西洋城吧！

第 8 章

到纽约去

通常，人们把联合在一起的几个国家称为"帝国"。纽约州是一个当之无愧的"帝国之州"，那里聚集着很多很多优秀的人才、很多很多有名的公司，比真正的帝国还要富有。

纽约位于纽约州的南部，是世界上经济最发达的城市之一，这里的商店、酒店、高楼比世界上的任何地方都多。但是，你知道吗？这样一个让美国人引以为荣的城市，却是根据英国一个叫约克的地方命名的。当时，大批英国的约克人移民到美国的纽约，为了纪念自己的家乡，他们就把在美国的居住地叫做"新约克"（New York），也就是现在的纽约。不过，现在的纽约比以前那个"新约克"要大好几倍！纽约有很多百万富翁，在有些人的梦里，纽约的街道都是用黄金铺成的，要是他们知道真正的纽约街道不过是普通的柏油路时，一定会大失所望。

"曼哈顿"岛是纽约城最主要的部分，它的名字来自印第安语，因为这里原来是印第安人生活的地方。当时漂洋过海的白人只花了24美元，就从印第安人手中买下了这块面积庞大的岛屿。有趣的是，白人不是用钱来交易的，因为当时的印第安人根本不知道还有"钱"这种东西，他们只给了这些印第安人几串珠链、一些小饰品，加起来也就值24美元左右。但是，如今的曼哈顿可谓是寸土寸金，很小一块土地就比当年整座岛高出很多倍。你是不是感到很惊讶啊，"仅仅这么小的一块土地为什么值这么多钱呢？"因为土地不像纸那样只有薄薄的一层。当你拥有一块土地的时候，这块土地上面的和下面的空间都属于你。正是由于纽约地价太高，所以人们才建了许多"摩天大楼"来节省占地空间。因为不管你修五十层的高楼，还是一层的平房，它们的占地面积都一样大。

我觉得纽约人是世界上最好的建筑师，因为他们造的房子又高又大，还很漂亮，几乎跟童话故事中"大人国"的房子一模一样。纽约的摩天大楼巍峨耸立，它们经历了风雨和雷电的考验，如今依然在那里，默默地注视着街上来来往往的行人。正是这些人用他们勤劳的双手建起了这些摩天大楼，而这些高楼又成了纽约人"追求更高"的象征。如果你来过纽约，肯定听说过这样一句名言："高大的橡树也曾是小小的种子。"不错，所有的东西都可以积少成多，积小成大。在纽约有一栋60层高的楼房，它的建筑费用全是由5美分、10美分的硬币一枚枚凑成的。在纽约，还有另一座摩天大厦——帝国大厦，它可以称得上是美国最漂亮的建筑了，共有102层，379米高，在好长一段时间里，它都稳稳占据着世界第一高楼的位置。

很多国际会议都在纽约举行，纽约有好几栋建筑都是全世界的"国会大厦"。第二次世界大战刚刚结束时，世界上的很多国家都希望长久和平，避免再次爆发战争。因此，像美国各个州要派出代表去华盛顿国会协商事务、维护本州的权力一样，世界上的很多国家都要派代表到纽约的"联合国大厦"参加会议。在会上，他们主要是讨论与各个国家利益相关的问题。假如有两个国家之间有了矛盾和冲突，需要第三方从中协调处理，各国代表就会在这里专门召开会议，劝说两个国家尽可能化解矛盾和冲突，争取和平解决。联合国一旦开会，代表们的发言就会通过26种语言同时向全球进行广播（截至2011年7月，联合国大会一共吸纳了192个成员国。联合国有六种正式使用的官方语言，按英文字母顺序排列分别是：阿拉伯语、汉语、英语、法语、俄语和西班牙语，代表们发言时可以使用六种语言中的任意一种。——译者注）。

看见了吗？自由女神穿的是古希腊的衣服，右手举的是象征自由的火炬，左手捧的是一本刻着"1776年7月6日"的法律典籍，脚下踩着打碎了的手铐、脚镣和锁链。

　　在召开联合国会议时，如果有代表用自己国家的语言来陈述观点，其他代表能听懂吗？当然可以。每位代表的耳朵上都配有特制的耳机，翻译人员会即时把发言翻译成其他代表能听懂的语言，这样就能保证每位代表都能听懂其他人所说的话啦。当然，做这种翻译工作的人至少要精通两种以上语言，只有这样，当他听到一种语言时，才能立刻翻译成另一种，然后通过话筒直接传到代表们的耳朵里。同时，联合国大会会通过电视进行现场直播，全世界的人都可以观看。

　　在纽约港的一个小岛上，矗立着一座巨大的铜像，这就是著名的"自由女神像"。"自由女神"将一把火炬高高举到空中。她的手有 5 米长呢。和她握手的感觉一定非常奇妙。她的一个手指就有 2

米长，如果想给她戴上戒指，要把戒指制成多粗才行啊。她的鼻子有 1.5 米长，有什么味道能逃得过呢。她的嘴巴有 1 米宽，如果她开口讲话，声音一定会非常洪亮，再远都听得到。自由女神像的内部是空的，通过电梯和楼梯你可以到达她头上的帽子里，甚至你还可以爬到她高举的火炬里，这些地方都很宽敞，可以同时容纳十几个人。每当有船从自由女神像旁经过时，船上的很多人都会在甲板上欢呼雀跃："自由女神，我终于看见你了！""我们终于回到自己的国家了！""自由的国度已经在我眼前了！"当有人乘船离开美国时，很多人也会不由自主地对着自由女神像挥手告别。

曼哈顿岛西面是哈德逊河，东面是东河。在东河上有一座桥，桥下一根柱子也没有，整个桥身被钢索拉着，这种桥叫"悬索桥"。因为桥的另一端连着长岛，长岛上有一个大城市叫布鲁克林，所以人们习惯又把这座桥叫做"布鲁克林桥"。**布鲁克林桥全长 1834 米，**

关于布鲁克林大桥的建造，背后还有一个故事呢。桥的设计者华盛顿·罗布林，因为事故身受重伤，整整 13 年，他都是用一根手指指挥完成了整个工程。

是当时世界上最长的悬索桥，也是世界上首座用钢材建造的大桥。这座桥高高地悬在空中，就是最大的船也能从容地从桥下通过。

桥刚刚建成的时候，很多人都不敢在桥上走，他们说："走在用绳子吊起来的桥上？别开玩笑了。只要一脚踩在上面，桥肯定会掉下来。"的确，当载重卡车从桥上经过的时候，桥身会摆动，但它还是稳稳地悬在空中。如今，在东河与哈德逊河上还有几座桥，同样可以通往纽约城。在哈德逊河河底，人们还挖了一些隧道，也可以直接到达纽约。

在纽约有两条最著名的街道，一条是百老汇大街，另一条是第五大道。百老汇大街最初是一条很短的街，但非常宽阔，"百老汇"也是"宽阔的街"的意思。如今的百老汇大街比以前长多了，你可能会这样问："那现在是不是应该把这条街的名字改为'百老汇长街'呢？"在这条街上有一段路，每当夜幕降临的时候，几千盏灯和闪烁变幻的广告牌一起点亮，整条街顿时灯火通明，许多人形象地把这里称为"白色大道"。第五大道是时尚者的天堂，你能在这里找到全世界最豪华、最著名、最昂贵的商品。纽约特别拥挤，所以很少有人开车去上班，他们大多都选择乘地铁。

虽然纽约的土地比世界上其他地方的都要贵，但是纽约市里还建有两个非常大的公园，一个是中央公园，另一个是布朗克斯动物园。有了这两个公园，人们在城市里可以感受到森林风情。中央公园占了好几个街区，是世界上最大的公园。布朗克斯动物园占地约100万平方米，有动物4500头，大多数都是珍奇罕见的动物——这里不仅是游人休憩的好去处，更是野生动物的乐园。

有一次，一位初到纽约的外国人欣赏了一天的城市风景后，还想开车去尼亚加拉大瀑布看看，因为他听说尼亚加拉大瀑布是全世界最壮观的瀑布之一。但是有人告诉他，假如要从纽约出发去尼亚加拉大瀑布，需要坐整整一晚上的火车。

到纽约去

"尼亚加拉大瀑布不就在纽约吗？"他非常不解地问。

"当然是啦，"那人回答说，"只不过它并不在纽约城，它在纽约州的另一端。"

伊利湖和安大略湖是纽约州西部的两个最著名的湖泊，这两个湖的名字都是用印第安语来命名的。从地图上看，伊利湖在安大略湖下面，实际上，伊利湖的地势要比安大略湖高99米。当伊利湖的水从又高又宽的悬崖上直泻而下时，就形成了尼亚加拉大瀑布。虽然尼亚加拉大瀑布不是世界上最高的瀑布，但却是世界上最美的瀑布，许多人都会选择到这里休闲度假。尼亚加拉大瀑布的水声非常大，在几千米外的地方都能听到。假如你足够幸运，碰上了一个阳

这就是尼亚加拉大瀑布，是世界七大景观之一。"尼亚加拉"在印第安语中的意思是"雷神之水"，也就是说尼亚加拉大瀑布发出的声音太大了，好像是雷神在说话。

光灿烂的日子，五彩缤纷的彩虹就会从瀑布的水雾中升起。尼亚加拉大瀑布每天要接待成千上万名游客。每 1000 名游客，你就会听到

358 个人说："真是太漂亮啦！"

247 个人说："让人惊呆了！"

136 个人说："太美啦！"

93 个人说："真是太棒啦！"

45 个人说："我连自己的眼睛也不敢相信啦！"

24 个人发出"啊！"这样的感叹声。

其余的人都会发出"哇噻！"这样的惊叹。

一直以来，很多人都想从瀑布上跳下去。后来真有人跳了，而且还成功了。但是，如果想让在伊利湖上行驶的船直接从瀑布上开到安大略湖就太难了。于是，人们想出了一个主意，在瀑布旁边重新开凿一条河，把伊利湖与安大略湖连接起来，同时在河中建了一些船闸，航行在伊利湖上的船只通过这些船闸就可以慢慢地驶入安大略湖，安大略湖里的船也可以通过这些船闸驶进伊利湖。后来，人们给这条河起了一个名字——韦兰运河。

真是奇怪了，船是怎样从那么高的地方开下来，又怎样开上去的呢？运河里的船闸有什么用呢？原来这些船闸就好比巨大的浴缸，你在浴缸里玩过小纸船吗？当你往浴缸里不停地加水时，小船会随着水面越升越高；当你把浴缸里的水一点点地放掉时，小船也会随着水面越来越低。

浴缸和小船之间的关系与水闸和大船之间的关系是一样的。当船从上面的伊利湖驶入下面的安大略湖时，首先要进入第一级船闸，把船闸里的水逐渐放掉后，船就随着水面往下降，等到这一级船闸的水和下一级持平时，再把船闸的门打开，大船就驶入下一级船闸。重复这样的过程，大船就能顺利驶入安大略湖。如果有船要从下面的安大略湖驶进上面的伊利湖，这艘船首先会进入最下面的船闸，

然后关上船闸的水，再往船闸内注水。水面升高，船也跟着升高。等水面的高度和上一级船闸内的水持平时，就把上一级船闸的门打开，船就到了上一级船闸中，重复这个过程，船就能驶进上面的伊利湖了。水真是太神奇了，再大再重的东西它也能"举"起来，比人类发明的机器厉害多了。

以前，如果你想从伊利湖坐船去纽约，必须先要经过韦兰运河驶入安大略湖，再经过圣劳伦斯河驶入大西洋，最后到达纽约城。为了避免长时间旅途奔波，人们开凿了一条运河，直接把伊利湖与纽约的哈德逊河连接了起来。这条运河贯穿了纽约州，它的名字叫驳船运河。

第 *9* 章

五大湖

假如有一天，你一不小心踩到了一个蚂蚁窝，在窝里的小蚂蚁看来，你算不算一个巨人呢？同样，在小蚂蚁眼中，水坑又算不算汪洋大海呢？

从地图上看美国北部，有五个巨型水坑聚在一起。这五个水坑是怎么形成的呢？有人会这样告诉你：从前有个巨人带着一把巨伞，有一天下大雨，巨人将雨伞打开，雨水就顺着雨伞的五个角滴了下来，后来就滴出了五个大水坑。当然，这只是传说，哪有这么大的伞呢。

不过，这五个巨型水坑确实存在，我们称它们为"五大湖"。假设有一个腿长1.6千米的巨人，这些湖泊在他看来也不过是雨滴打在地面上留下的小水坑，一抬腿就跨过去了。伊利湖和安大略湖，还记得吧，就是我们在上一章提到的那两个湖

审图号　GS(2004)071号

1.苏必利尔湖　2.密歇根湖　3.休伦湖　4.伊利湖
5.安大略湖

42

泊，它们是五大湖中最小的两个。还有两个湖的名字是以印第安人的名字命名的，其中一个是密歇根湖，"密歇根"就是"大湖"的意思，另一个叫休伦湖。苏必利尔湖是五大湖中面积最大的。五大湖的主权也是挺有意思的话题，只有密歇根湖完全属于美国，因为整个密歇根湖都在美国境内，另外四个湖处于美国与北部邻国——加拿大的交界线上，所以美国和加拿大共同拥有这四个湖的主权。

苏必利尔湖在五大湖中不仅面积最大，地势也最高。苏必利尔湖流过圣玛丽河时，湖水倾泻而下，形成了一条巨大的瀑布，这就是"圣玛丽急流瀑布"。这条瀑布虽然没有尼亚加拉大瀑布那么高，但是船只也不能从瀑布上直接驶下来，所以人们就在瀑布附近开凿了运河，同样也是利用船闸帮助船只通行。一条运河的运输能力有限，无法满足大量船只通航的需求，后来，人们相继又开凿了四条运河。

在五大湖上航行的有些船非常漂亮，也非常壮观，几乎与在海洋里航行的船一样。说到海，连成一片的五大湖可不就是一个小型的海洋吗？这话虽然说得有点夸张，不过五大湖的面积确实很大，只有海洋中航行的船只才能在五大湖中安全航行。如果你航行到湖中央，根本就看不到陆地，只能看到波涛汹涌的湖面，这跟在大海中看到的是一样的。当然，两者也有一些不同的地方，比如湖水是淡的，海水则是咸的。

和美国的其他地方一样，五大湖也是人们休闲度假的胜地，但是在湖面上往来穿梭的可不全都是游船，它们中有一部分是做生意的，这里的"生意"是指运输货物。用船运东西要比用火车便宜，一艘大船可以装好多好多东西。另外，火车运东西必须要有铁轨，而船只要有水就可以了。因为用船运输货物非常便宜，所以要是能用船的话，人们就不会用火车。当然能够享受到这个好处的仅限于生活在海边或湖边的人。

幸运的是，美国五十个州中有八个州都连着五大湖，当然有几个州只有一小部分与湖连着。密歇根州是与五大湖联系最紧密的一个州，除了安大略湖，密歇根州离其他四个湖都非常近。

你还记得"波托马克"吗？就是那些在波托马克河上做生意的印第安人。他们常年划着小独木舟，在河上来来往往，用自己暂不需要的东西去交换自己急需的物品。同样，以前生活在五大湖区的印第安人也这样在湖面上忙碌着。如今随便一只运货的船都要比印第安人当年的独木舟大好几千倍，这些巨大的货船往返于湖的两端，在沿途港口卸下当地人需要的货物，再装上别的货物继续前行。

杜鲁斯位于苏必利尔湖的最西边，大多数货船都从这里起航。火车将杜鲁斯西部的小麦、附近矿区的铁矿运到杜鲁斯港口，借助港口的大型搬运机把这些小麦和铁矿整箱整箱地搬上船。整个过程就像你在玩玩具火车时，用两根手指轻而易举地把火车上的玩具汽车卸下来一样。在苏必利尔湖和密歇根州相连的港口处也有一些货船，它们大多数都满载着铜矿石和钢铁，穿过苏圣玛丽运河，抵达休伦湖和伊利湖之间的底特律，有时也会把铁矿石运送到克利夫兰或者伊利湖东边的水牛城。大部分货船都不会经过尼亚加拉大瀑布，它们到达目的地之后，就会把货物卸下来，重新装上美国东部包括新英格兰地区生产的东西，或者装上宾夕法尼亚州出产的煤，再回到杜鲁斯。

冬季，湖面上所有的货船都会停止航行，因为寒冷的天气会使湖面结上一层厚厚的冰。

我家有一把"古董"椅子，在我出生之前它就在我家了，现在依然还很结实。这把椅子是用离我们家1600千米远的密歇根州产的木材做的。很久很久以前，茂密的森林把密歇根州北部覆盖得严严实实，森林里大部分的树木都是做家具的好材料，家具生产也成了当地的支柱产业。在密歇根州，有一个地方叫大急流城，是美国的"家具之城"，那里生产的家具比世界上其他地方生产的都好。看看你家的家具吧，说不定就有大急流城生产的呢。怎么看呢？只要你抬起家具，瞧瞧它底部的标志，凡是标有"大急流城制造"，就能确定它是在大急流城生产的了。现在，由于大量树木被砍伐，森林快不见了，这里生产家具用的木材也只能靠从其他国家进口了。

在密歇根湖南端，有两个州紧紧地挨在一起，像两个并肩趴在窗口向外张望的孩子。这两个州就是伊利诺伊州和印第安纳州，它们经常被合在一起简称"伊印"。其中，利诺伊州拥有美国的第二大城市芝加哥，那里的铁路是全世界最繁忙的，因为大部分穿梭于美国的火车都会在芝加哥停靠。有些火车是从芝加哥出发，满载着乘客和货物，穿梭于美国各地。

虽然世界上有各种各样的动物，但是人们通常只吃其中三种：牛、羊和猪。每年，被美国人吃掉的动物多达好几百万头！为了满足人们生活的需要，芝加哥周围以及密歇根附近的州都饲养着大量的猪、牛和羊。饲养这么多动物，需要大量的饲料，知道最好的饲料是什么吗？是玉米。吃了玉米之后，动物就能长得胖乎乎、圆滚滚了。在美国，很多州都种植玉米，其中艾奥瓦州是种植玉米最多的一个州，被人们称为"玉米州"。芝加哥饲养动物所需要的玉米大部分都是从那里购买的。除了自己饲养动物外，芝加哥还从其他地方直接购买动物。在没有被屠宰之前，大部分动物会被关进牲口圈。芝加哥的肉类产品加工也很出名。人们把加工好的各种肉类产品装进冰库，通过火车和轮船运到别的地方，有些产品甚至还会出口到欧洲。有人称芝加哥是全世界的"肉店"。你若留意一下，可能会惊奇地发现：早餐的熏肉、午餐的火腿和三明治、晚餐的烤羊肉都是芝加哥生产的呢。

第 10 章

密西西比河

在第七章中，我们讲到了切萨皮克湾，它是美国最大的海湾，被我们称为"百川之母"。在美国，还有一条最长的河，那就是密西西比河，我们把它称为"百川之父"。需要注意的是，在这条河的名字中有两个"西"字，千万不要漏掉其中任何一个。

要是我说一条河和一棵没有叶子的树没有太大区别，你相信吗？不相信的话，你可以先画一条河，再画一棵没有叶子的树，然后仔细比较一下。我们画树的时候，通常会先画树干，树干往往会画得粗一点，再画一些较粗的树枝，最后再在这些树枝上添一些较细的树杈。在画河流的时候，很多小朋友都只画一条很粗的波浪线，其实，世界上的很多河流都有支流，他们就像长在树干上的细小树枝一样。现在，把这些支流都添上吧。这时，你再比较一下，这两幅画是不是有很多相似点呢。树有树干和树枝，河流也有干流和支流，当然啦，在地图上，河流的分支不能全部画出来。

不过树木和河流还是有些不同：树木是由下往上长的，而河

密西西比河像树一样。

密西西比河

流是从上往下流的；水在树木中的流动方向是从树干到树枝，而河流中的水大多是从支流汇聚到主流。一条河如果没有支流，它的宽度不会发生变化，有了支流，河面才会越来越宽。密西西比河起源于艾塔斯卡湖，这个湖位于美国最北端的明尼苏达州。密西西比河从艾塔斯卡湖流出来之后，就沿着美国中部一路奔腾向南，途中又有很多支流不断汇入，最终注入墨西哥湾。密西西比河把美国分成了大小不同的两个部分，密西西比河以西的土地面积大约是密西西比河以东的面积的两倍。

密西西比河历经曲折，"克服"了众多艰难险阻后才到达目的地——墨西哥湾。假如你去了墨西哥湾，就会看到人们在入海口处建了很多大型磨坊。在前面我已经介绍了在新英格兰的那些能生产出各种各样东西的"磨坊"，但是，墨西哥湾的磨坊不是用来生产东西的，它是用来碾磨小麦的。小麦被反复碾磨后就成了细细的面粉，面粉是做面包的主要原料，讲到这里，你是不是已经闻到面包的酥香了呢？小麦是密西西比河流经各个州的主要农作物，在全世界，就数这里的小麦产量最多、质量最好。

对于从没有在乡下生活过的人来说，0.4公顷的土地已经不算小了，40公顷就应该是非常大的一块了，400公顷呢？可能已经大得无法想象了吧！在明尼苏达州，有些麦田一块就有4000公顷！不要以为我说错了，它真的有4000公顷。在这么大的一块农田里，如果只靠农民自己的力量，那些农活肯定完不成，马也起不了什么作用，所以使用农耕机械就成了当地农民耕作时唯一的选择。你可以想象在农忙时，几十台机器同时耕田、播种，场面是多么壮观！不过，这只是种植小麦的开始，后面还有更多活儿需要干呢，比如说，小麦成熟时需要收割，麦穗和麦秆需要分开。机器可以帮农民们干完所有的活儿，直到最后把小麦变成我们做面包用的面粉。

在密西西比河的源头明尼苏达州有两个面积几乎一样大的城市，它

们被人们形象地称为"双子城"，其中一个是明尼阿波利斯，面积为142.5平方千米；另一个就是我们经常提到的圣保罗，面积为134.7平方千米。密西西比河是这两座城市的分界线。你有没有发现，坐落在五大湖区和密西西比河附近的城市有一个共同点——那就是它们都是根据基督教圣人的名字或用印第安语来命名的。这是因为最早来美国的那一批人中有很多是牧师，他们沿着密西西比河和五大湖给印第安人传播基督教，因此就用印第安语或基督教圣人的名字给很多地方取了名字。

明尼苏达州土地肥沃，它的小麦产量稳居世界第一，而被称为"水城"的明尼阿波利斯的面粉产量也位居世界第一。

密西西比河从明尼苏达州开始，一路向南，最终在墨西哥湾流入大西洋。在密西西比河流经的城市中，最大的一座是圣路易斯，它也是以基督教圣人的名字命名的。密苏里河和俄亥俄河两条支流分别从东西两个方向在圣路易斯附近汇入密西西比河，这两条河的名字都来自它们各自所在的州——"密苏里州"和"俄亥俄州"，它们都是印第安语。密苏里河是密西西比河最长的支流，从源头到与密西西比河的交汇处，竟有6400千米，而密西西比河仅有6020千米，这就给我们出了一个难题，到底密苏里河是密西西比河的支流还是密西西比河是密苏里河的支流？当然，如果把密苏里河与密西西比河的长度加起来的话，肯定是世界上第一长河。

由于有很多支流汇入密西西比河，所以越到下游，水量越大，河面也越宽。特别是春天，山顶上的积雪逐渐融化，加上充沛的降雨，各支流携带大量的河水涌入密西西比河，导致洪水泛滥，危害下游地区人们的生产和生活。虽然人们修建了很多防洪堤坝，但还是难以抵挡迅猛的洪水，因此很多人失去了家园，甚至生命。

河流入海的地方，通常被称为河口。为什么叫河口呢？我百思不得其解。当我们喝水时，水是顺着口流进体内，但是河水却是从河口

密西西比河

流出去的。密西西比河的河水中含有大量的泥沙，这些泥沙在河口处堆积成了好小岛，河水必须绕过这些小岛才能流入墨西哥湾，所以，密西西比河流入墨西哥湾的河口不止一个，而是有好几个。

密西西比河发源于美国北部，那里的冬天异常寒冷，河水自然也非常冰凉。河水不断地向南流动，流经的地区一个比一个暖和，河水也渐渐温暖起来。人们把南方的这片气候温暖的地区称为"迪克西兰"。密西西比河流经的最后一个城市是新奥尔良。新奥尔良全年都很温暖，即使寒冷的圣诞节，在这里也能看到盛开的鲜花。在密西西比河的源头生活的几乎都是白人，但是当河流逐渐流入南部的"迪克西兰"地区时，你会发现越来越多的黑人身影。"迪克西兰"地区是棉花的主要生产地，很多黑人都在这里种棉花。有一首歌是这样唱的："迪克西兰，你是一个到处开满棉花的地方。"这里的棉花产量牢牢占据着世界第一的位置。棉花不是美国人最先种植的，美国最早的一块棉花田在马里兰州，是由英国一家棉布工厂种植的。

棉花植株并不高大，属于低矮灌木。在刚采摘的棉花中藏着很多细小的种子，必须把这些种子清除以后才能纺成棉线。纺出的棉线可以织成棉布，然后就可以做成各种棉衣、棉袄、棉鞋和棉毛巾等日用品。以前，分开种子和棉花的工作全靠人手完成，要耗费大量的时间和精力，所以凡是棉布制成的商品都很贵。后来，有人发明了一种能从棉花中分离出种子的机器，很快这种机器便被推广，美国的黑人给这种机器取名轧棉机。自从有了轧棉机，工厂的生产效率一下就提高了，棉质商品的价格也开始下降，最后变得非常便宜。看看我们身边的东西吧，有很多都和棉花有关。我们无法想象，如果没有棉花，我们的日子会怎么样。最初，人们种植棉花只是为了观赏其漂亮的花朵，如今，以棉花为原料生产出来的东西越来越多，棉质产品也成了人们生活的必需品，怪不得现在有人把棉花称做"棉花大王"呢！

第11章

青春之泉

在深秋空旷的天空中，你见过成群飞翔的鸟儿吗？它们正飞去南方过冬。美国北部的冬天可以用"冰天雪地"来形容，所以一些人也像鸟儿一样到南方去过冬。美国最南边的州是佛罗里达州，那是一个在地图上看起来很像小狗爪子的地方。"佛罗里达"的意思是"鲜花之都"。冬天，即使其他地方已经是白雪皑皑，佛罗里达州也有着春天一样温暖的阳光，在那里，人们既可以沐浴阳光又可以在海里畅游，尽情地享受着没有寒冷侵袭的日子。在前面我就说过新英格兰是个避暑圣地，而佛罗里达州则是有名的"避寒"胜地。我和一位住在巴尔的摩的朋友算是老相识了，他经常冬天去佛罗里达州过冬，夏天去新英格兰避暑，一年中只有很少一部分时间待在巴尔的摩。

很久很久以前，佛罗里达州是没有白人的。直到有一天，人们听说在那里发现了一种有着神奇魔力的泉水——即使是年逾花甲的老人，只要喝了这种泉水或用泉水洗澡，就能立刻恢复年轻时的容颜。人们给它取一个非常美丽的名字——"青春之泉"。正是听了这样的传说，一些白人便怀着好奇心来到这里，后来他们中的一些人就在这里定居了。当然，"青春之泉"只是一个美丽的传说，无论是佛罗里达州，还是世界上的其他地方都不可能有这样神奇的地方。但是，许多在佛罗里达州过冬的老人都说，在那里可以躲过美国漫长的寒冬，这样一来，他们还真觉得年轻了不少。

当然，并不是所有的佛罗里达人都有时间享受温暖的阳光。随着大量游客涌入，各种各样的服务业也随之兴起，越来越多的佛罗里达人经营起了酒店和旅馆，还有不少佛罗里达人种起了蔬菜，蔬菜收获了之后他们就把新鲜的蔬菜运往寒冷的北部地区。美国北部的冬天非常寒冷，当地农民无法种植蔬菜，如果没有佛罗里达州的蔬菜供给，在整个冬季人们只能吃蔬菜罐头或冷冻蔬菜。我们平常所说的 NBA、世界杯等体育赛事，都是分赛季的。同样，蔬菜、水果也是分季节生长的。佛罗里达州是一个四季如春的地方，这里不仅没有霜冻，而且从不下雪，一年四季都适合蔬菜和水果生长。所以，聪明的佛罗里达人就把反季节的蔬菜和水果运到其他州，让北部地区的人们在寒冷的圣诞节也能吃到新鲜的草莓，一年四季的餐桌上都有芦笋、生菜和萝卜。

佛罗里达州特有的水果是橙子和葡萄柚，因为这两种水果只有在没有霜冻的情况下才能很好地生长。葡萄柚的果实是一簇一簇的，很像一串串金黄色的大葡萄，这也是"葡萄柚"名字由来的原因。一开始，人们认为葡萄柚的味道很苦，难以下咽，后来慢慢就喜欢上了这种苦中带甜的味道。现在，佛罗里达州是世界上葡萄柚产量最大的地区之一。

以前，美国的南部是没有佛罗里达州的。那个时候，南部的海水很浅、很温暖，很适合海洋中小动物的生长。这些小动物的个头很小，甚至还没有我们平时吃的果冻大。它们有的有坚硬的贝壳，有的有坚硬的骨骼，这些动物死后，贝壳和骨骼就被慢慢地堆积起来。日复一日年复一年，就成了今天的佛罗里达州。佛罗里达州的土地十分肥沃，非常适合种植蔬菜和水果。有时，其他州的人还会专门到佛罗里达州购买这种土壤，运回去种蔬菜呢。

很久很久以前，地球上还没有人类的时候，美国是不存在的。那后来，美洲大陆是怎么形成的呢？和佛罗里达州一样，也是由海

洋动物的遗体慢慢堆积而成的。我们把这种含有贝壳和骨骼的石头叫做石灰岩，为什么叫石灰岩呢？去拿一块这样石头放在火上，你会发现它可以燃烧。这些可以燃烧的物质其实就是动物的骨骼。

在漫长的岁月里，地球发生了无数次的地壳运动，有些地方陷了下去，有些地方升了上来，美国的大部分地区都是从海底升出来的。你可能会感到不解，我是怎么知道美国是从海底升出来的呢？因为我曾经到过美国的许多地方，在一些高耸入云的山上，我就发现了含有海洋动物遗体的石灰岩——这就是"美国很久以前是在海底"的最好的证据。你见过由大理石砌成的房子吗？其实大理石也是一种石灰岩，它同样是由动物骨头形成的。这些漂亮的大理石被人们用来建造房屋和宫殿，还被用来制作雕塑和墓碑。

在肯塔基州中部，有一处世界上最长的溶洞，也是美国最著名的景点之一，人们叫它"猛犸洞"。猛犸又叫"长毛象"，体型庞大，所以后来人们经常用"猛犸"来形容庞然大物。如今，我们已经看不到猛犸了，因为它早已灭绝。这些溶洞不是人工开凿的，它们是由水溶蚀而形成的。我们都知道水能溶解食盐，实际上水也能溶蚀石灰岩。由于肯塔基州的地下岩层大部分都是由石灰岩构成的，长年累月，这些石灰岩就被水慢慢的溶蚀了，然后就形成了一个个溶洞。随着时间的推移，这些溶洞越来越大，后来就成了今天我们看到的"猛犸洞"。另外，洞顶滴下来的每滴水中都含有石灰岩的粉末，这样在洞顶上就形成了低垂的石柱，这些石柱通常被称"钟乳石"。有些水滴顺着钟乳石滴到地面，地面上也有了石柱，我们把地面上的石柱叫做"石笋"。就这样，下垂的"钟乳石"慢慢变长，地面上的"石笋"慢慢长高，最后它们竟连在了一起。时间长了，这些从洞顶滴下来的水还能在洞底汇成水池，水池里生活着一种不长眼睛的鱼，我们叫它盲鱼。大约在数万年前，盲鱼的祖先被水流冲到了这些洞穴里，由于这里几乎没有光线，鱼的眼睛也就无用武之地了，久而久之,眼睛逐渐退化,变成了今天的盲鱼。盲鱼虽然看不见东西,但是依然能靠身体的特殊器官来感知物体和辨别方向,所以它们仍然可以正常生活。

人走在"猛犸洞"里很容易迷路,以前就有一些探险爱好者在"猛犸洞"里迷了路,当人们发现他们的时候,就只剩下白骨了。

肯塔基州猛犸洞是世界上最长的石灰岩溶洞,它是以古代长毛巨象"猛犸"命名的。这里有形状各异的钟乳石、大大小小的石柱、奇异的生物、瀑布、穹窿和小溪等,总之,这里就像一个神秘的幻境。

第12章
移动的大篷车

　　很久以前，美国人主要集中在密西西比河东岸，虽然西岸的土地也很宽阔，可是很少有人会渡河过去，因为那里有未开化的印第安人，还有凶猛的野兽，以及高不可攀的山脉。后来，人们怎么会想到要去河西岸呢？最早去河西岸的又是些什么人呢？最早到河西岸的那批人中，有想去捕猎的猎人，有想把印第安人变成基督徒的牧师，还有仅仅出于好奇、喜欢冒险的人。

　　加利福尼亚州是美国最西部的一个州，紧挨着太平洋。有一天，人们听说有人在那里发现了金子，而且是遍地的金子，只要你从河里捞一盆沙子，就可以从沙子里拣出金子。

　　金子！金子！人们开始兴奋起来。于是，成千上万的人放下手中的农活，关闭了店门，把被褥和干粮扔上马车，带上枪，就向着遥远的遍地都是金子的西部地区进发了。后来，越来越多的人加入了这支淘金的队伍。为了遮风挡雨，人们在车上支起了帐篷，这就是后来人们津津乐道的"大篷车"。那时的美国西部只是一块广阔的不毛之地，没有道路、没有桥梁，更没有道路的指示标志，人们只能凭着感觉向前走。在途中，有的人生病死了，有的被印第安人当做入侵者杀死了，也有的走失了，不幸被活活饿死。最后，仍有一些幸存者历尽千辛万苦到达了那个传说中的遍地是黄金的地方——加利福尼亚州。他们确实淘到了金子，发了大财。他们就是那些被称为"四九淘金者"的人，因为那一年恰好是1849年。

移动的大篷车

也就是从那时起，人们尝试着将公路和铁路延伸到全国各地，并且开始在以前荒废的土地上建造城市和村庄，只是印第安人遭了殃，白人疯狂地侵占他们肥沃的土地，补偿给他们的却是一些非常贫瘠的土地。因为这些贫瘠土地是专门留给印第安人的，所以也叫"预留地"。这和我们在电影院里碰到的"预留座位"是一样的，那是电影院专门为某些观众留下的。

以前，在美国只有一条铁路可以通往太平洋，起点在芝加哥，终点在旧金山。现在，美国的铁路线四通八达，从芝加哥出发，无论是向南、向北还是走中间路线，都能抵达太平洋沿岸。以前，"四九淘金者"乘大篷车要历经几个月的艰辛才能抵达太平洋沿岸，如今，要是坐飞机的话，不到一天就到了。

以前，老年人鼓励年轻人时会说："想发财的话，就到西部去吧！"的确，那时有很多人去了西部，可他们不是为淘金，而是为了土地。当时的美国政府颁布了一条这样的规定，只要有人愿意去西部种植玉米，就可以获得免费的土地，于是，人们蜂拥而至。有些人到了密西西比河西岸的俄克拉荷马州和得克萨斯州，他们发现这里的土地根本不适合种植玉米，因为田里总是不停地涌出石油。这些石油不仅阻碍了农作物的生长，还污染了当地的水，导致马、牛等家畜找不到水喝，于是人们纷纷放弃了这里，搬到了其他地方。

大篷车

你知道世界上一共有哪三种油吗？植物油、动物油和矿物油。你玩过那个叫做"动物、植物和矿物"的游戏吗？那实在是个很有趣的游戏。在游戏里，需要有一个人来扮演"老人"，他的职责是发号施令。"老人"说"植物"，你就得在他数到十之前说出一种植物的名字，任何植物都行，可以是"土豆""番茄"，也可以是"黄瓜"，等等。"老人"说出"动物"或"矿物"时，游戏规则也一样。当然，这个游戏里提到的"矿物"仅仅是那些除了植物和动物以外的东西。如果在数到十之前你还答不上来的话，那就要受到惩罚。我来教你一个永远都不会输的办法，那就是无论你听到的是"植物""动物"还是"矿物"说"油"，因为刚才我已经说过了，世界上有植物油、动物油和矿物油三种油。

像橄榄油，就是植物油，而鱼肝油则是动物油，它们都是可以吃的，岩石里流出的矿物油却不能吃，但有其他的用途：矿物油可以用来做燃料。人们发明了汽车后，就从矿物油中提炼出汽油，用来作为汽车的燃料。现在人们发现矿物油的用途更多，它可以被制成很多产品，比如说药物、燃料和香水，等等。

后来，人们才意识到，这些矿物油蕴藏着巨大的商机，是可以让他们发大财的，没准儿比淘金子赚得还多呢。于是，人们就挖了很多油井，从这些井里开采矿物油。有些地方没有挖油井，但是矿物油自动地喷了出来，人们把这种自己喷出矿物油的地方叫做"自喷井"。

这种从岩石中喷涌出来的矿物油就是我们今天所说的石油，顾名思义，石油的意思就是"石头中的油"。

沿着美国中部的铁路线出发，穿过有着"玉米州"之称的艾奥瓦州，再穿过内布拉斯加州，继续向前，你会发现地势越来越高，接着你会到达科罗拉多州。"科罗拉多"是以西班牙语命名的，意思是"红色"。科罗拉多州位于落基山区，首府是丹佛市——从丹佛到

第17章

移动的大篷车

芝加哥和到太平洋的距离相差无几。

如果你心肺功能很强，自己又非常喜欢登山，可以从丹佛附近出发登上北美的第二高峰——派克峰。派克是第一个尝试登上这座山峰的人，虽然他中途放弃了，但人们还是以他的名字来命名这座他曾经登过的山峰。派克在登山途中放弃是迫不得已的，因为在那个时候，

派克峰很高，山的顶部终年积雪。它是北美洲的第二高峰，海拔4300米，属于连绵不绝的落基山脉，被称作"美国之山"。每年六月，这里都会举行著名的"派克峰山道竞赛"。

登山的装备非常简陋，想要登上派克峰这样的高峰确实很难。现在，每年都有成千上万的人登上山顶，他们还在登山的途中举行比赛，看谁最先到达山顶。派克峰的山势很陡，顶部一年四季都被白雪覆盖，而且空气很稀薄。往上攀登的人们，爬得越高呼吸就越困难，很多人登上山顶后根本站不稳，他们只能坐下来，像离开了水的鱼儿一样拼命地张嘴，听着自己急促的呼吸，有的人甚至会因缺氧而晕过去。如今，在这里已经修通从山脚到山顶的公路和铁路，你可以坐车到达山顶。也许，你心中又有了一个疑问，火车是怎么开上派克峰的呢？因为这里的火车不是你平常见到的火车，它是一种专为爬坡而设计的火车，人们叫它高山齿轨火车。这种火车的车轮上装有齿轮，在行驶的时候，齿轮咬合着铁轨中间的齿轨，像在平地上行驶那样稳当。

第 13 章

人间仙境

你读过《爱丽丝梦游仙境》吗？那是一本孩子和大人都喜欢看的书。书中描写的仙境十分迷人，不过那是作者想象出来的。在美国西部却有一个真实的"仙境"——那里有一条很特别的河——就是人们常说的科罗拉多河。科罗拉多河的名字虽然和科罗拉多州相同，但它并不是在科罗拉多州，而是在亚利桑那州。

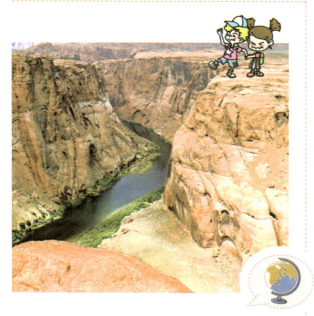

科罗拉多河位于美国的西部。它流经的地区都是美国西部较偏僻的地方，因为有了它，这些地区才得以发展，所以有人把它誉为美国西部的"生命之河"。

科罗拉多河静静地在河谷中流淌，这条河谷的最深处竟达到了1740米，是世界上最深的河谷，人们把它称为科罗拉多大峡谷。站在大峡谷的一边往下看，科罗拉多河就像一条细线。你知道吗？科罗拉多大峡谷是科罗拉多河一点一点冲刷出来的。我曾经问过导游："大峡谷两边的距离有多少呢？"

"哦，"导游很为难地回答我，"太远了，你可别想从那儿跳过去！"

站在峡谷边，你可以看到另一边那高达一千多米的岩壁。这些岩壁是由岩石一层层地叠加起来的。在阳光的照射下，岩壁呈现出绚烂的颜色，非常漂亮。组成岩壁的岩石曾经都深埋在海底，是石灰岩或砂岩，含有丰富的铜、铁等，这就使得每一层岩石都呈现出不同的颜色。如果岩石中含有矿物元素铁，它就会在水的侵蚀下逐渐生锈，显出铁锈的红颜色；如果岩石中含有矿物元素铜，岩石会逐渐生出铜绿，最终变成绿色。正因为这样，整个岩壁看起来绚丽多彩，如同仙境一般。

如果你想在科罗拉多大峡谷买旅游纪念品的话，一定要买一支"铅笔"，我就买过一支。在这支"铅笔"的顶部有一个小孔，只有针眼那么大，向里面一看，整个科罗拉多大峡谷的景色就可以尽收眼底了。这够神奇吧，壮观的大峡谷，通过一个小孔就能全部看到。

你若在科罗拉多河的支流上航行，你会惊奇地发现，在峡谷上面的岩壁上竟然有房屋！那些房屋都是很久以前，被我们称为"悬崖居民"的人为了躲避敌人、寻求安全的庇护所而建的。

犹他州紧靠科罗拉多大峡谷的北面，州内有一个很大的湖，就是"大盐湖"。这个湖与美国北部的五大湖不同，五大湖是淡水湖，"大盐湖"却是咸水湖。事实上，把"大盐湖"称为"大盐海"更合适一些，因为它和海一样，只有水流进，没有水流出。

大盐湖的水为什么会是咸的呢？

这和海水是咸的原因一样。

那么，为什么海水会有咸味呢？

尝过泥土是什么味道吗？你是不会专门抓一把来尝尝的，当你不小心摔倒时，就有可能尝到泥土的滋味了。泥土是咸的。河水流经地面时，通常会带走泥土中的一些盐分汇入海洋。当然，每条河

能够携带的盐分非常有限，如果你尝一口河水，根本尝不出任何味道。但一天又一天，一年又一年，奔流不息的河流把陆地上的盐分一点一点地带到海洋里。海水不停地被蒸发掉，但是盐没有办法蒸发，所以海水的中的盐就会越来越多，当然也就越来越咸了。

在大盐湖里，人可以自由自在地漂浮在水面上，所以不管你是否会游泳，你都不用担心会溺水。你可以在湖里站着，可以坐着，也可以躺着。不过，要是你身上有伤口，千万不要让伤口沾到大盐湖的水，否则那种疼痛会让你终生难忘的。可以推测，随着越来越多的河水流入海洋，海洋中的盐分也会越来越多。也许，在将来的某个时候，海水会和大盐湖水一样，无论什么东西掉进去都会浮上来。那个时候，再发生翻船事故也不会有人遇难了，人可以像木头一样漂在海面上等待救援。

在美国，有一座公园，不仅所有美国人都知道，而且很多其他国家的人也知道，那就是黄石公园。从地图上看，整个黄石公园就像一个正在睡觉的孩子，它的身体躺在怀俄明州内，头却枕着蒙大拿州，同时还把右手放在爱达荷州。黄石公园是美国第一个，也是世界上第一个国家公园。在公园里，不仅有茂密的原始森林，各种野生动物，还有数以千计的峡谷、瀑布、温泉和间歇泉。在公园里，任何捕猎行为都是不允许的。熊是黄石公园的象征，在黄石公园内，约有两百头黑熊，一百多头灰熊，由于没有人类的威胁，这里的熊大部分都很温顺，你甚至可以靠近它们合影。美国其他地方的泉水都是清凉的，渴了你可以直接喝。但是黄石公园里的泉水却是滚烫的。黄石公园地下有很多温度极高的熔岩，它们能把地下的泉水加热到沸腾，这些泉水喷出地面后，自然就是滚烫的了。

黄石公园里有一个很大很大的湖，那就是位于公园中心的黄石湖。当黄石湖湖水从黄石大峡谷倾泻而下时，就形成了著名的黄石大瀑布。

黄石公园里有大大小小的间歇泉三百多处，它们都是由于地热形成的。由泉下岩层的温度非常高，地下的泉水受热会产生大量的水蒸气，这些水蒸气被挤在一个封闭的空间里，当压力达到一定程度后就会爆发，泉水也会随之喷出地面，形成喷泉。

老实泉是一处大型的间歇泉，它的形成原理是地下热源不断的加热地下水，地下水不断沸腾变成蒸气，当蒸气在地下的压力足够高时，就会把地下水喷出地面，而喷发之后，压力降低，间歇泉就停止喷发，直到附近流过来的冷水补充水脉并受热沸腾时，才再次喷发。

最有名的一处间歇泉叫老实泉。之所以叫这个名字，是因为它特别老实——每隔一个小时就喷发一次，不会早也不会迟，仿佛有人专门看着时钟准点开关水龙头一样。老实泉是黄石公园的标志性景点，人们甚至把它当成黄石公园的别名，一提到"老实泉"，人们立刻会想到黄石公园。

第 14 章

美国西部之最（上）

最好、最甜、最大、最高的东西你喜欢吗？我知道世界上有这样一个地方，那里有最好吃的橘子、最大个的李子、最甜的葡萄、最挺拔的树木、最高耸的山峰，还有最适宜的气候。猜猜吧！这到底是什么地方呢？有这么多好东西，难道是传说中的天堂吗？天堂在天上，而我说的这个地方在人间，它就是拥有最多"最"的加利福尼亚。

加利福尼亚州是根据童话故事中的一个小岛命名的。就像在童话世界里才会出现的情景一样，人们在这个州的河中竟然发现了金矿。够神奇吧？但这的确是千真万确的事。在美国东部生活的大多数人中一直流传着很多有关加利福尼亚州的故事。这些故事具有非常浓厚的传奇色彩，有些简直不可思议。比如，在加利福尼亚州有一棵高耸入云的大树，人们在修建公路时，就在这又粗又大的树干中开凿了隧道，来来往往的小汽车可以在隧道中自由穿行。

据说，这是一种非常古老的树，名叫大红杉，在 7000 万年前的恐龙时代，这种树就已经生长在地球上了，它们的寿命极长，一般可以活到 5000 ~ 6000 年，有的甚至能活到 10000 年以上。后来，地球上红杉越来越少，几近灭绝。如今生长在加利福尼亚州的红杉棵棵都是宝贝，它们是地球上最为稀有的珍贵树种之一，也是见证地球演变的"活化石"。想想，要是这些古老的树木和童话故事里的树一样能开口讲话该多好啊，不知道能讲出多少有趣的故事呢！

美国西部之最（上）

停下来，慢步沉思，数一数，在加利福尼亚州究竟有多少"之最"呢？

加利福尼亚州长长的"体型"使它成为 50 个州中最长的一个州。"最长之州"是加利福尼亚州的第一个"之最"。

加利福尼亚州有美国最高的山峰——惠特尼山峰。"最高之峰"是加利福尼亚州的第二个"之最"。

加利福尼亚州有一个山谷，这个山谷的海拔很低，比海平面低了将近 70 米。谷底的气候炎热干燥，除了有角蟾蜍和有角蜥蜴可以生存外，其他动植物都不能适应这里的环境。有角蟾蜍和有角蜥蜴几乎是炎热环境中的佼佼者，环境越热，它们长得就越快。听人说，即使在大火中有角蟾蜍和有角蜥蜴也能坚强地活下来——这只是在童话故事中才可能发生的事情，不过这也可以看出有角蟾蜍和有角蜥蜴的生命力有多顽强了吧！这个山谷有个非常恐怖的名字——死亡谷。在附近生活的人都不愿到这里来，因为这里实在太可怕了。有少数人想去探险，希望能在那里找到金子，但是非常遗憾，他们迷了路，永远留在了山谷中。很多探险家尝试穿越死亡谷，但是他们在路上不是被热死就是被渴死。死亡谷是加利福尼亚州最恐怖的一个山谷，这是加利福尼亚州的第三个"之最"。

加利福尼亚州不仅有最令人恐怖的"死亡谷"，也有最让人向往的漂亮山谷，人们给它取了一个很好听的名字——优胜美地。它地处悬崖深处，异常幽静，谷里有很多从高处落下的漂亮瀑布。更神奇的是，有一个瀑布的水在还没有落到谷底前就全部变成了水雾，看上去就像准备出嫁的新娘脸上的面纱，所以人们给这个瀑布取了一个名字——新娘瀑布。优胜美地有许多瀑布比尼亚加拉大瀑布还高，最令人惊叹的是，其中有两处瀑布竟高达 400 米！它们是美国境内最高的瀑布。优胜美地是美国最漂亮的山谷，这里有美国最高的瀑布。怎么样？这两个"之最"又出现在我们眼前了吧！

　　加利福尼亚州的"之最"真是个永远都说不完的话题，在这里还有最好吃的橘子、最酸甜可口的柠檬和最令人垂涎的葡萄。如果非要追根溯源的话，这几种水果的原产地并不是加利福尼亚州，而且它们也不是土生土长的美国货。更确切地说，在西欧的白人来美国定居前，这几种水果就没有在美国出现过。第一批到达北美的白人是来自大西洋彼岸的西班牙人。因为西班牙是橘子和柠檬的王国，所以就有一些西班牙人将橘子和柠檬的树苗带到这里，就这样，这些水果就漂洋过海"移民"到美国啦。

　　最早在美国定居的西班牙人所建造的房屋与西班牙国内的房屋的风格基本一致，都是灰墙红瓦，屋前往往会有一个院子。他们还

　　左上的是惠特尼山峰，海拔4418米，是美国境内最高的山峰。右上的是美国最可怕山谷。左下是最长寿的红杉，寿命可达5000～6000年。右下是最高的瀑布，有400多米。

第16章

美国西部之最（上）

用西班牙语给许多城市起了名字，就拿洛杉矶和圣弗朗西斯科（旧金山）来说吧。在西班牙语中，"洛杉矶"的意思是"天使之城"，圣弗朗西斯科是根据圣弗朗西斯命名的，圣芭芭拉其实就是圣芭芭拉的名字。

现在，"天使之城"洛杉矶是太平洋沿岸最大的城市，好莱坞就在那里。我们都知道一年有365天，但在好莱坞却有400天，你相信这是真的吗？这当然不是真的，这只是一种夸张的说法而已。很多精彩的影视作品都是在好莱坞拍摄并完成制作的，这真是一片不可思议的土地。在好莱坞，天气出奇的好，阳光时常洒满整个大地，为拍摄提供了理想的条件。而且，好莱坞有与附近地区不同的自然风光，在拍摄影视作品时，可以直接把这些自然景色拿过来当外景，非常方便。要拍航海或者沉船的场面吗？哦，好莱坞旁边就有大海；需要热带风情的外景吗？不用跑远，好莱坞到处都是高大的棕榈树和漂亮的热带花卉；要拍摄冬日景象吗？附近白雪皑皑的山脉一年四季都欢迎你。

洛杉矶再往北就是旧金山，这两座城市的面积基本相同。以前，旧金山比洛杉矶更繁华一些，但是1906年在旧金山发生了一次破坏性极强的大地震，整座城市的建筑都遭到了严重破坏，上千人在这场地震中丧生。地震还引发了一场火灾，导致那些在地震中还未倒塌的建筑在大火中也化为一片废墟。但是逃脱死神魔爪的人并没有放弃希望，他们在废墟上重新建设自己的家园，保险公司的赔款也给了他们足够的帮助，很快，这座城市又重新建立起来了。

旧金山有世界上最优良的港口。这个港口位于绵延80千米的海湾边上，来来往往的船只通过金门在这里靠岸。不过，由于地域原因，整个旧金山的城市全建在陡峭的山坡上，曲折的山路使得在当地驾驶汽车非常困难。不过，要是有一座建在山坡上的房子就好了，你可以站在窗口向外眺望，曲折的海湾、高高的金门大桥和辽阔的大

海尽收眼底。金门大桥也是一座悬索桥，和布鲁克林大桥相比，它更加结实、牢固。

旧金山的港口是大大小小、往返穿梭的船只的起点和终点，当然有些船只会驶过太平洋，抵达大洋对岸的中国和日本。也正是这个原因，很多中国人来到了旧金山。这些中国人在国外人生地不熟，所以他们需要团结在一起，同舟共济。在旧金山，就有这样一条中国人群居的街，叫"唐人街"，我们习惯叫它"Chinatown"。唐人街上有许多中国风格的建筑，比如大街两边的商店和剧院，等等。很多日本人也千里迢迢来到美国，在这里购买农场，种植水果或者蔬菜。

第15章
美国西部之最（下）

在开始讲述之前，我先给大家出个脑筋急转弯："有种动物没有脚，却比华盛顿纪念碑跳得还要高，这是为什么呢？"先好好动动你聪明的小脑瓜，一会儿我再揭晓答案。

在俄勒冈州和华盛顿州的交界处，有一条以哥伦布的名字命名的河，叫哥伦比亚河，鲑鱼就出生在这条河里。鲑鱼是一种个头较大的鱼，平时生活在海里，但在产卵之前，它会越过瀑布，游到哥伦比亚河，找一个安静的地方，专心孵化它的小宝宝。鲑鱼妈妈可是怀着小宝宝啊，它怎样才能越过瀑布呢？说出来也许你会不信，但它的的确确是跳过去的！"鲑鱼又没有长脚，怎么能跳上去呢？"鲑鱼妈妈聪明着呢，它将尾巴使劲儿地卷啊卷，直到卷得像弹簧一样，然后"嘭"地一下，就可以跳到华盛顿纪念碑那样高了。

"那里的瀑布居然有华盛顿纪念碑那么高啊，我记得华盛顿纪念碑有169米啊。"

"这只是夸张的说法罢了，事实上那里的瀑布都比较低。"

"那你为什么说鲑鱼跳得比华盛顿纪念碑还要高呢？"

"哈哈，因为华盛顿纪念碑根本就不会跳啊，这本来就是一个脑筋急转弯嘛！"

每年，成千上万条鲑鱼成群结队地游回哥伦比亚河中，那里的渔民有选择地捕捉鲑鱼——处于产卵期的鲑鱼不能捕捞，这样就保证了鲑鱼妈妈能够顺利地产卵，从而孵化出更多的小鲑鱼。等小鲑

吃过三文鱼寿司吗？三文鱼就是鲑鱼。鲑鱼是一种古老的鱼类，一亿多年前就生存在这个地球上。只不过一亿多年前的鲑鱼是没有骨头的，经过很长时间才逐渐进化成有骨鱼。

鱼出生后，它们又从河里游回海洋。就这样，鲑鱼日复一日、年复一年地繁衍着。鲑鱼肉是粉红色的。你吃过鲑鱼肉罐头吗？很有可能它就是用哥伦比亚河的鲑鱼做的。

苹果应该算是世界上最古老的水果了吧。在圣经故事中，亚当和夏娃就是因为吃了从伊甸园里摘的苹果，才被逐出了天堂。可见，早在人类诞生之前，苹果就已经存在了。很多人都同意这样一种观点，华盛顿州出产的苹果比亚当和夏娃吃的还要好吃。也正是因为那里出产的苹果比其他地方的都好吃，所以它们被销往全国各地。现在，人们一提到华盛顿州出产的苹果就会竖起大拇指，用印第安人的话来说就是"顶呱呱"——那是他们遇到好东西时才做出的评价。

华盛顿州和俄勒冈州都生长着茂密的森林，这些地方出产的木材有些被用来建造房屋，有些被用来造纸。现在，我给你讲的这一个个有趣的小故事都写在了俄勒冈州产的纸上。你可能又要问了：你是怎么知道那些纸是俄勒冈州产的呢？因为当我拿着纸对着太阳的时候，就能看见清晰地"俄勒冈"这三个字。

阿拉斯加州是位于美国最北部的一个州，在那里坐落着麦金利山，它是北美的最高峰。阿拉斯加州是一个非常寒冷的地方，我们要到那里去，得花上很长的时间。这个州原来不属于美国，它是在南北战争快要结束的时候，美国花了几百万美元从俄国人手里买来的。阿拉斯加州是一个盛产鱼和动物皮毛的地方，后来，人们还在这里发现了金矿。

金子真是一种好东西啊。当人们听说阿拉斯加州有金子后，有些人就像当年奔赴加利福尼亚州的淘金者一样，马上丢下手中正在从事的工作，拿起铁锹就往淘金地跑。他们一心想着发财，根本就没有多余的心思做准备。有人走的时候只带了一把铁锹和少许食物，到了阿拉斯加州之后，就没办法生活了。他们怎么也没想到，淘金的地方居然没有食物，也没有商店。另一些人则是有备而来，他们随身携带了罐头、帐篷等。等那些操之过急的人挖出金子后，他们就用这些东西去换金子。你看，那些有备而来的人根本不需要动手，就可以带着金子回家，而那些操之过急的人能活着回来就已经很不错了。

阿拉斯加州的鱼又大又多，这里的印第安人就生活在鱼群密集的地方。他们建造了一个个小村庄，每个小村庄里都竖着一根大柱子。这些大柱子高高的，上面刻着鸟类或其他动物的图案，这就是"图腾柱"。每一个印第安部落或家族都有专属的吉祥物，比如说鹰啊、熊啊，等等，就像你建立自己的小俱乐部时，通常会想到用"雄狮"

这个形象怪异的柱子就是印第安人的图腾柱，图腾柱很重要。柱子上的图画代表了一个部落，不同的部落有不同的图腾柱。图中的这个图腾柱是鹰的图案。

或"雄鹰"来取名字一样。可别小看了这些图腾柱，它可是部落的象征呢。

如果你足够幸运，在阿拉斯加州的北方夜空中，你会看见那些美丽的光束。它们有着斑斓的色彩，像火焰一样连接着地面和夜空，堪称一大奇观。我第一次看到这种景象的时候，还是个小孩子。那时的我感觉周围的一切都像着了火，还以为世界末日来了呢，后来才知道，那就是"北极光"。阿拉斯加州经常会出现北极光，而再往南一点的地方就很少出现，那里的人可能一辈子也看不到一次。要是你第一次看见这种奇怪的光，可能会感到害怕，但它与日落和彩虹一样是一种自然现象，不会对人类造成任何伤害。

你知道北极光是如何形成的吗？直到现在，很多研究它的科学家都不知道它究竟是怎样形成的，但他们一致认为北极光与电，与太阳黑子有着密切的联系。太阳黑子，你知道这是什么吗？我们在观察太阳时，有时候会看见一个个黑色的小点，这些小点在太阳表面慢慢移动，它们就是太阳黑子。因为我们平常看见的太阳非常刺

美国西部之最（下）

这条美丽的光束能像云彩一样飘浮在空中，这就是常说的北极光了。它有时会出现在美国的阿拉斯加州上空。北极光的颜色常为白、黄、蓝、绿色，偶尔也会出现红、紫色，千姿万态又神秘莫测。

眼，所以用肉眼根本看不到太阳黑子，不过我们可以通过特殊的望远镜观察太阳黑子的变化。研究人员使用的正是这种特制的望远镜，它的镜头是暗色的，这样眼睛就不会被太阳光灼伤；望远镜上装着特殊的照相机，可以随时拍下太阳黑子的活动。他们惊奇地发现，当太阳黑子增多时，北极光的色彩就会格外明亮，所以北极光很有可能与太阳黑子有着紧密的联系。

　　这就是我所知道的关于北极光的知识。喜欢幻想的小姑娘经常会问这样一个问题："想法是用什么做成的啊？"北极光的形成就和这个问题一样，让人无法解释。

第 **16** 章

北方近邻

　　有一句俗话说得对："篱笆筑得牢，邻居处得好。"实际上，能否和邻居和睦相处，关键还得看你的邻居是个什么样的人。加拿大是美国北方的邻居，它和美国一样，是一个面积广阔的国家，而且国土面积比美国还要大。美国与加拿大的边界线非常长，从大西洋沿岸一直绵延到太平洋沿岸。假如要在这两户邻居之间扎一条篱笆的话，这条篱笆可能要蔓延数千公里，从大西洋一直延伸到太平洋。

真的要在两国之间修一条长长的篱笆吗？大可不必。在地图上，这两个国家之间有一条长长的国界线，现实中，这条国界线也不存在。在两国的交界处，你可能只会发现一块石头立在那里，上面写着一行字："加拿大和美国

审图号　GS(2004)071号

加拿大南接美国本土，西北邻美国的阿拉斯加州。

共同决定两国之间永远不会发生战争。"这只是个"君子协定",并没有实际的法律效力,但是两国人民都把这块石头亲切地称为"和平石"。

几个小男孩在争抢东西的时候,经常会这样说:"谁先抢到就算谁的。"最初,法国人发现了加拿大,它们就把加拿大占为己有。不过,英国人觉得这块土地应该属于他们。因此,英国和法国之间就发生了战争,最后英国人取得了胜利,他们把加拿大从法国人手中抢走了。不过这已经是好久好久之前的事了,现在依旧有许多法国人生活在加拿大。你要是去加拿大的魁北克市,就会发现在这里说法语要比说英语方便得多,因为这里会说法语的人远远多于会说英语的人。

纽芬兰犬是一种体型庞大、毛皮厚实的犬种,每顿都要吃很多东西。我曾经也养过一条。纽芬兰犬主要生活在大西洋沿岸的纽芬兰。最初是英国人发现了纽芬兰,但现在这个地区是加拿大的一部分。

在纽芬兰沿海地区,有一片很浅很浅的海域,叫"大浅滩"。"大浅滩"的位置非常低,是一个理想的捕鱼场所。每到捕鱼的季节,你就会看见在大浅滩附近有成千上万只小船,忙碌地穿梭在这片海域上。大浅滩海域经常是浓雾弥漫,这给在这里航行的船带来了很大的不便,有的大型船只根本看不到在海面上行驶的小船,稍不留心就会把小船撞翻,因此很多渔民在这里丢掉了生命。

加拿大是一个地广人稀的国家,面积和美国差不多,但是整个国家的人口却只相当于美国加利福尼亚州一个州的人口数量。由于加拿大北部的冬天非常寒冷,不适合人类居住,因此大多数人都只能居住在南部靠近美国的地区。这些人的生活习惯也和美国人基本一致,连种植的农作物也基本相同。加拿大是世界上主要的小麦生产国,这点也和美国基本一样。

加拿大太平洋铁路公司在全球赫赫有名,这是一家大型的铁路

公司，加拿大的很多铁路都是由这个公司修建的。有一条横穿整个加拿大的铁路，它从大西洋沿岸出发，一直延伸到位于太平洋沿岸西部的温哥华市。在温哥华的港口有许多大型汽货船正在等待装货起航。顺便说一下，这条铁路沿线的所有酒店都是由太平洋铁路公司投资修建的。其中有一段铁路靠近落基山脉和路易斯河，那里风景优美，是一个旅游的胜地，许多人都会坐火车到那里休闲度假。

提起狐狸或野狼，女孩子好像都不喜欢，但是一说起这些动物的皮毛，肯定会得到很多爱美女性的青睐。加拿大有一个叫哈德逊湾的海湾，大小和墨西哥湾差不多，是根据发现这个海湾的人名命名的。美国的哈德逊河也是这个人发现的，不过，哈德逊湾与哈德逊河之间没有任何联系。只要进入冬季，哈德逊湾的海水就会全部结冰，这里的气候异常寒冷，根本不适合人类居住，只有少数捕猎野生动物的人在此出没。生活在哈德逊湾的野生动物不像我们人类能穿厚厚的大衣，它们只能靠身上厚厚的皮毛度过寒冬。猎人们在丛林中捕杀野狼、狐狸以及其他动物，就是为了得到这些动物的皮毛，然后把这些皮毛加工成各种皮革制品，如皮衣、皮带、皮包，再以高昂的价格卖给那些爱美的女性。这些猎人大部分都是哈德逊湾经营皮草贸易公司的员工。

美国是按州来划分行政区域的，加拿大则是按照省来划分的。**加拿大一共有十个省，以安大略湖命名的安大略省是加拿大最重要的省份**。在五大湖中，除了密歇根湖，其他四个湖都与安大略省连接。加拿大的首都渥太华也在安大略省，除此以外，安大略省的省会城市多伦多是加拿大最大的城市。因为加拿大是英联邦中的一个国家，所以英国会定期任命一名官员，以加拿大总督的身份参与管理加拿大的国家事务。

加拿大南部的气候和美国的基本一样，但是你往北走，就会发现天气越来越冷。在加拿大的最北端，由于过于寒冷，只有少数树种比如松树、云杉等可以生长。因为这些树常年不落叶，所以就有了"常青树"的称号，常青树的木材质地非常柔软，是造纸的好材料。

一般来说，我们平常看的书籍和报纸都是用加拿大森林中的木材造出来的纸印出来的。几百平方米的森林只能满足一个城市一份报纸发行一天的需求，如果要满足美国所有报纸每天的用纸需求，要砍掉多大的一片森林啊。美国的报纸以多快的速度在发行，加拿大的森林就会以多快的速度在减少。在加拿大，每天都有大量的伐木工人在砍伐树木，然后在造纸厂里加工成木浆，最后造出人们需要的纸。大部分的纸都被运到了美国，这样美国人每天都能在第一时间读到各种各样的报纸了。出版社几乎每天都会"吃"掉很多树木，就像我们吃掉大量的小麦，牛吃掉大量的玉米一样。

在我的第一堂地理课上，我就了解了一些有关爱斯基摩人的一些知识。爱斯基摩人是地球上最能忍受严寒的人，他们生活在加拿大冰天雪地的北方地区，寒冷的天气使这里所有的水都结成了冰，他们就用冰雪来建造房屋。

爱斯基摩人

另外，爱斯基摩人还在河面的冰层上凿一个洞，再放线钓鱼。爱斯基摩人和印第安人有一点点儿血缘关系，而这两种人都与中国人有一些血缘关系，关于这些以后我再慢慢讲给你们听。

第17章

南方战神

　　有天早上，亲爱的汤米·丁克坐在饭桌旁吃他喜欢的黄油面包。他一改平时的活泼样子，拿着面包，一口口沿着边咬得非常小心，每咬一小口就会看着面包沉思一小会儿。

　　"小子，愣什么呢？"爸爸问。

　　"我要把这块面包咬成一幅美国地图，"汤米一边说着，一边把面包小心翼翼地放在了桌布上，"爸爸，您看，这里是阿拉斯加州，这里是佛罗里达州，对面就是尤卡坦。"这时，汤米又把一小块面包搓成一根细条，放在另外一个角落里，他兴奋地说："看，下加利福尼亚就在这儿。"

　　"你这个小子，只顾着自己玩面包，这顿饭究竟还吃不吃啊。"爸爸说，"不过，我倒想考考你，你能准确告诉我加利福尼亚湾在什么地方吗？"

　　"哈哈，这个问题我知道，它不在加利福尼亚州，"汤米非常机灵的应答让爸爸大吃一惊，"加利福尼亚湾和下加利福尼亚是墨西哥的一部分。"

　　"真聪明！"爸爸说，"我上小学三年级的时候，老师问我加利福尼亚湾和下加利福尼亚在哪里？我没有准备好，也没有认真地复习，就想当然地认为这两个地方应该都在加利福尼亚州，于是不假思索地说'在加利福尼亚州'。"

　　"爸爸，老师教过你这个吗？"汤米伸出左手，把拇指和另外四

墨西哥湾

审图号　GS(2004)071号

聪明的小朋友，在这张地图上有没有找到小汤米说的像"C"一样的墨西哥湾呢？墨西哥是世界的第二大湾，仅次于孟加拉湾。海湾的东部与北部是美国，西岸与南岸是墨西哥，东南方的海上是古巴。

根手指变成"C"的形状，"看看吧，C围着的是墨西哥湾，食指尖就代表佛罗里达州，拇指尖代表墨西哥的尤卡坦，整个拇指基本就可以代表墨西哥了。"

"用这样的方法学习，真是太不可思议了，我从来都没有见过。"爸爸说。

"从来没见过，这很正常，老师才不知道我发明的这种方法呢！"汤米很得意地说，"这是我想出来的最新学习方法。"

神的国度，你可能听说过吧？美国南部的邻国墨西哥就是一个

"神的国度"，确切地来说，应该叫做"战神的国度"。墨西哥这个名字是用印第安人信奉的战神"墨西卡利"来命名的。

从美国向北走，当你穿过边境进入加拿大时，根本不会感觉自己已经到了另外一个国家。加拿大人和美国人几乎没有什么差别，他们都是欧洲的移民——白种人，说的都是同一种语言——英语。然而，从美国向南走，当你穿越边境进入墨西哥时，你就会发现到了一个完全不同的国家。墨西哥人与美国人有着明显的差异，他们属于不同的人种，语言也不一样。大西洋对岸的西班牙曾把墨西哥当做它的殖民地，统治了很长时间，当然这是很久以前的事了，现在的墨西哥是一个拥有独立主权的国家。

加拿大和墨西哥都是美国的邻国。在美国和加拿大的边境上立着一块"和平石"，上面写着"加拿大和美国共同决定，两国之间永远不会发生战争"。在美国与墨西哥的边境上却找不到这样的"和平石"，这是为什么呢？因为在历史上，美国和墨西哥因领土争端爆发过很多次战争。美国的得克萨斯州、新墨西哥州和亚利桑那州曾经都是墨西哥的领土。得克萨斯州和墨西哥之间流淌着一条河——格兰德河，是两国重要的地理分界线。"格兰德"在西班牙语中的意思是"壮观的河流"，如今，这条河已经不再"壮观"，由于河的上游修建了水电站，加上大量的河水被抽去浇灌农田，一年当中，格兰德河的大部分时间都处于干涸状态。

在欧洲白人踏上北美之前，北美大陆上生活着很多印第安人。后来，白人侵占了印第安人的土地，把他们赶到了很偏远的地方。如今，在美国居住的印第安人已经十分稀少，只有在马戏团或5美分硬币上才能看到印第安人的样子。

还记得吗？我们在前面讲过美国最初是由13个州组成，它们在独立以前是英国人的殖民地，所以美国人和英国人都说英语。墨西哥以前是西班牙人的殖民地，所以西班牙语是墨西哥人的通用语言。

南方战神

当西班牙人刚刚踏上墨西哥时，他们惊喜地发现，当地的印第安人浑身都戴着银饰——银项链、银手镯，银头饰等，他们由此判断墨西哥肯定遍地是白银。虽然寻找金子是他们来墨西哥的主要目的，但是若能找到银子也足以让他们惊喜若狂了。于是，他们立刻就在这里开采银矿，这种开采活动一直持续了四百多年。现在，墨西哥已经是仅次于秘鲁的第二大白银出产国了。墨西哥大部分银矿位于落基山脉的群山中，墨西哥人经常把这条山脉称作"马德雷山脉"。

在马德雷山的上面，有一个像大碗一样的山谷，墨西哥的首都墨西哥城就建在那里。在美国，可以明显感受到北边的温度低，南方的温度高，也就是说，在通常情况下，越往北走就越冷，越往南走就越热。但在这里就有一个特例：墨西哥城位于美国佛罗里达州的南边，但这里一点都不热。原因很简单，墨西哥城位于马德雷山的山顶，地势越高，气温就会越低。

你见过墨西哥的国旗吗？上面有一个很特别的图案：一只鹰衔着一条蛇站在一排仙人掌上。为什么是仙人掌而不是其他植物呢？因为仙人掌是墨西哥的象征。全世界上的仙人掌约有两千种，生长在墨西哥的就有一千多种，所以墨西哥又有"仙人掌王国"的美称。在墨西哥，仙人掌不仅是一种常见的观赏性植物，还是人们餐桌上的美味佳肴。如果你有机会去墨西哥的话可以好好品尝一番。

在墨西哥城的东南方向，有一座非常古老的火山。听到这座火山的名字，你一定会感到非常奇怪，它叫"波波卡特佩特火山"。要想记住这个名字，还真是不容易。为什么人们不给它起一个简单易记的名字呢？原来，这座火山的名字来自印第安语，意思是"冒烟的山"。波波卡特佩特火山非常高，火山口周围一年四季都覆盖着皑皑白雪。每年12月，波波卡特佩特火山就会准时从沉睡中苏醒过来，然后猛烈喷发，有时喷出的烟尘高达5千米。这些烟尘中含有大量的硫黄，它们不断地堆积在火山口周围。硫黄的用途很广，是制造火柴、药物不可缺少的原料。等火山喷发停止后，当地的墨西哥人就会登上波波卡特佩特火山收集硫黄。

墨西哥湾的附近闷热潮湿，不适合人类居住，但是这里的地下却蕴藏着丰富的石油资源。

墨西哥湾附近的坦皮科是墨西哥最重要的产油城市，当地人几乎每天都在这里开采石油。他们把开采的石油通过停靠在墨西哥湾的油船运送到美国和其他国家。用油船运送石油要比用火车便宜，一般情况下，一艘油船装的石油通常比一列火车多得多。

你还记得在本章开头汤米说的话吗？伸出的拇指尖代表什么呢？对，尤卡坦，它也是墨西哥的领土。你一定见过剑麻，也许你家花园里就种了不少，它的"故乡"就是尤卡坦。在尤卡坦，人们种植剑麻可不是为了观赏，而是为了提取剑麻叶子里的纤维。由于这种纤维具有拉力强、耐海水侵蚀、耐摩擦和富有弹性等特点，所以常被用来加工成舰艇和渔船的缆绳、帆布、防水布、钢索绳芯、传送带、防护网等，此外，这种纤维还可以用来编织麻袋、地毯，等等，用途真是太广泛了。

你平时有嚼口香糖的习惯吗？在墨西哥有一种叫人心果的树，它的树液在晒干后会变成带有甜味的糖胶，它可是最早的"口香糖"哦。

第 18 章

近在眼前 远在天边

我家墙上有一张世界地图，我很容易就能在上面找到"南美洲"和"北美洲"。听它们的名字，你有没有觉得它们像两姐妹呢。这两"姐妹"离得很近，她们之间只隔着一条河，这条河就是世界著名的巴拿马运河。

在挖通运河以前，南美洲和北美洲是连在一起的，连接它们是一块像纽带一样非常狭窄的陆地，这块陆地上最窄的部分叫"巴拿马地峡"，它左边是太平洋，右边是大西洋。从地图上看，这两个大洋离得很近很近，可以说是"近在眼前"，但两个大洋上的船只想要跨越这"尽在眼前"的距离，必须得绕一个"远在天边"的大

审图号 GS(2004)071 号

巴拿马运河

弯才行。（虽然巴拿马地峡很狭窄，但是船只不能直接从陆地上行驶过去，只能绕到南美洲的最南端。）这就像你开着摩托车兜风的时候，突然遇到了一条很窄的河挡在你面前，而且河上没有桥，最让人生气的是河边居然立着这样一块牌子，上面写着："这条路走不通，要想到河对岸，请绕行一万千米。"来往于两大洋的船只都不想绕道走。有人想出了这样一个主意："在巴拿马地峡的两边分别安上足够大的起重机，先把船只吊到大卡车上，运到另一边去后，再用起重机把船吊回海里。"可是，上哪儿去找那么大的起重机和那么大的卡车呢？这是一个很艰巨的工程，还是开凿一条运河吧。有了运河，两大洋间的船只就有近路可走了。但是，即使巴拿马地峡最窄的地方也有 48 千米，沿途还要经过很多山脉，开凿起来很困难。

在巴拿马地区经常发生地震，所以当时的人们就经常幻想：要是地震恰好把巴拿马地峡震开就好了，那样的话就不用劳民伤财地去开凿运河了。但地震哪会那么听话啊，它只会给人们带来灾难。

你可能会感到好奇：船只为什么要在两个大洋之间来往呢？它只在太平洋或大西洋上航行该多好啊。你有没有发现平时妈妈去市中心购物时，很少只买回一种东西，她会买吃的、穿的、用的。这些东西主要是由船只运来的，同时，船只还要为世界各地的人们运送他们所需的物品。这样一来，船只就只能在两个大洋之间不停地航行了。为一条窄长的地峡而经常绕道是件让人非常郁闷的事，所以一家位于大洋彼岸的法国公司最后做出决定：开凿巴拿马运河。

当时的巴拿马地峡可不是一个适合人居住的地方，除了当地的印第安人和黑人外，其他人很难在那里生活下去。这家法国公司几年间派去了很多白人工匠，奇怪的是，他们中有三分之一都因为发烧而死掉。法国公司花了很多钱，但工程却没有实质性的进展，迫于无奈，这家公司只好放弃了开凿运河的计划。

后来，美国人来了，他们从巴拿马这个小国家租了一块享有永

近在眼前 远在天边

久使用权土地。这块土地长达 16 千米，刚好处于开凿巴拿马运河的地区，也叫作"运河区"。运河开凿之前，美国人就做了详细的调查，他们得出结论："环境太差，不适合白人居住，改变当地的环境是当务之急，否则派再多的人去也是徒劳。"于是，美国派去了一名著名的医生，他承担着查清病因、改善当地医疗环境的重任。

白人在当地怎么就那么容易生病呢？美国医生到了之后才发现，当地的那些蚊子竟是罪魁祸首。平时，我们被蚊子叮过后，顶多起一个小包。但那里的蚊子厉害着呢！它们可以分两种——城市蚊子和乡村蚊子。乡村蚊子是疟疾等疾病的传播者，但这还不能导致那么多人死亡。城市蚊子才是杀死众多白人的元凶，这种蚊子是黄热病的传播者。一旦染上黄热病，人活下去的希望就非常渺小。找到了原因，那位医生就开始找解决方法了。第一步，他想方设法对这两种蚊子进行了观察，并找到了城市蚊子的克星——产于波波卡特佩特火山的硫黄。同样，他也找到了乡村蚊子的克星——产于墨西哥的石油。蚊子被消灭后，他对蚊子繁殖的湿地也进行了彻底的清理。通过采取这些措施，运河区的生活环境彻底地改变了。

准备工作做完了，美国人来到运河区开始开凿运河。法国人在干的时候，只是一味地开凿陆地，他们想打通整个地峡，连通太平洋和大西洋，这样工程量太大了。美国人想了另外一个办法，他们在连接两个大洋的地峡的最高处，开凿了一条最短的运河。在运河附近，有一条河和一个湖。工人们就把河里和湖里的水引进运河，运河的两端装有几个大小不等的水闸。还记得在前面我讲过船只是怎么通过水闸的吗？如果不记得了可以看看第 8 章。这样的设计既节省了工程花费，也能让船只在大西洋和太平洋之间顺利地航行了。

开辟了巴拿马运河后，北美洲和南美洲被就完全分开了，但这条运河实在是太狭窄了，从地图上看，这两大洲还连在一起。不过，也许有一天，造物主会自己把这本是一家的"两姐妹"分开。

第 *19* 章

加勒比海盗

　　我正准备坐着火车离开巴尔的摩，这时有人问我："嗨，你要去哪里啊？"我说："我要去巴尔的摩。"那人很不解地看着我，大声说："先生，你是不是搞错了，我们这趟火车是离开巴尔的摩的啊！"

　　"这我很清楚，"我镇定地回答，"我就是要坐离开巴尔的摩的火车跑遍全世界，最后我还是要回来啊，我可以从相反的方向回到这里。"

　　在欧洲人的眼中，处在地球另一端的是印度群岛，他们以为那里到处都是黄金。以前要想去印度群岛的话，可以一直向东航行，这个距离远得不可想象。后来，西班牙航海家哥伦布认为朝着相反的方向出发，一直向西航行，同样可以到达印度群岛。这在其他人看来，是相当愚蠢的，向西航行怎么可能达到东边的目的地呢？这简直就是不可思议嘛。但是那时，哥伦布就认定地球是圆的了，无论你向东还是向西，都能到达同一个目的地，只不过走的路线不同罢了。于是，哥伦布就载着他的"地圆说"出发了。他们一直向西航行，功夫不负有心人，最后他们发现了一些小岛，认为这些小岛就是朝思暮想的印度群岛，于是给这些小岛取了名字——西印度群岛。事实上，这根本就不是印度群岛，哥伦布也从来没有到达过印度群岛，就算当时他继续航行，也不会到达印度群岛，因为美洲挡住了他继续航行的路。

　　这些岛上的居民和印度人非常相似，他们有着红色的皮肤，油彩涂满了整个面部，头上到处插着羽毛，哥伦布把这些人亲切地称为"印第安人"。生活在这里的其他人则称印第安人为"加勒比人"，"加勒比人"就是"勇士"的意思。围绕在这些岛屿周围的、汹涌波涛的、蔚蓝色的大海也被叫做"加勒比海"，意思是"勇士们的海洋"。

哥伦布最初的目的，只是为找一条新的航线去印度群岛，很可惜，他没有成功。后来，越来越多的人加入到了寻找印度群岛的行列中。当年，哥伦布等人寻找印度群岛是为了黄金和白银，后来的人果真在墨西哥和南美洲发现了很多的黄金和白银，而且还赤裸裸地从印第安人手上抢走了很多宝贝，此举和强盗一模一样。当他们把大量金银财宝抢到手之后就顺着原路返回西班牙。

想顺利回到西班牙吗？船上装着这么多金银财宝呢！海盗早已在海上等候多时了。海盗的模样非常特别：鲜红的腰带在腰间绑着，鲜红的颈巾在脖子上围着，鲜红的头巾在头上包着。他们的耳朵上通常会戴两个巨大的耳环，手上也会戴着金光闪闪的手镯。他们准备好之后就藏在附近的小岛后面，只要有满载金银财宝的船只驶来，他们会先在桅杆上升起一面黑旗，旗上画的是一个骷髅头，下方画的是一个由两根骨头构成的"×"。海盗劫持了这些货船后，先把财宝抢劫一空，再威胁船员做他们的奴隶。如果海盗此时不缺奴隶的话，他们就会让俘获的船员做一种游戏——走木板，不过这绝不是什么好玩的游戏！首先，海盗会把一块木板固定在船沿上，然后蒙上船员的眼睛，让他们在木板走，大多数船员都会从木板上掉进大海，被活活地淹死。海盗把抢劫来的财宝放到一个很大很大的箱子里，然后紧紧锁上，搬回自己居住的小岛，埋在地下，同时在地图上相应的位置画上"×"，方便以后再把它们挖出来。

很久很久以前，加勒比海上的海盗就已经消失了。如果你现在航行在加勒比海上，再也不用担心会碰上凶残的海盗，而且现在的大部分船只上都没有金银财宝，所以即便遇上了海盗，他们对船上的东西可能还不屑一顾呢。最后我还得告诉你，蔚蓝晴朗的加勒比

加勒比海盗

海，气候温暖怡人，每个岛的风景都美丽多姿，是非常棒的休闲度假场所。我曾去过一次，真的很不错。

那次去加勒比海度假的情景，直到现在我还记忆犹新。当时纽约已经是大雪纷飞，我却可以在加勒比海上一个叫百慕大的岛上体验热带海岛的风情。那里气候温暖，阳光灿烂，和寒冷的纽约简直就没法儿比。麝香花、百合花竞相开放，土豆和洋葱旺盛生长，鲜花和水果到处都是，当地的农民把这些东西装上船运到纽约，让纽约人在冬季也可以尽情享受夏季才有的鲜花和热带才有的水果。

离开这个小岛之后，我继续坐船向南航行了大约两天，最终到达一个叫拿骚的小岛上，它是巴哈马的首都。海绵是当地的特产，人们把它从海底采摘下来，出售给美国人。说到这里，你很可能会有疑问："为什么要'采摘'海绵呢？"海绵其实是生长在岩石上的一种海底生物，它是最原始的多细胞动物，有一层像果冻一样的东西把它紧紧地裹在里面。那些采海绵的人先要潜入海底，从岩石上面把海绵扯下来，再把外面那层东西剥掉，就可以得到海绵了。

在巴哈马群岛上，有一个岛特别出名，就是哥伦布最初登陆美洲的地方。现在，还有一块纪念碑立在岛上呢！据说哥伦布当年就是在那儿上岸的。当时哥伦布历经千辛万苦，终于看到了这片岛屿，他认为是上帝指引他来到这里，于是对上帝感激不尽，给这个小岛取名"神圣的救世主岛"。

加勒比海盗

审图号　GS(2008)1427号

紧密相连的古巴、海地和牙买加。

　　在西印度群岛中，有三个岛紧密相连，古巴岛在这三个岛中是最大的一个。哥伦布刚到古巴时，发现当地人总是把一根细细的东西叼在嘴上，点上火，深吸一口，再吐出烟雾，像一条正在喷云吐雾的龙。哥伦布感到非常疑惑，实在弄不明白这是什么，但古巴人好像对这种东西情有独钟。后来他才知道，这种东西叫雪茄，是用一种叫烟草的植物加工做成的。现在吸烟在全世界都很流行，世界上很多地区都种植烟草，但全世界最好的雪茄还是用古巴的烟草做成的。古巴首都哈瓦那的烟草产量非常大，每年都出口到世界上很多国家。

　　古巴曾经是西班牙的殖民地，被西班牙统治了很长一段时间，直到近代才获得独立。

　　糖分几乎是所有蔬菜和水果都含有的东西，只是有的含得多，有的含得少。含得多的如荔枝，味道甜甜的；含得少的如柠檬，味道酸酸的。甜菜和甘蔗是含糖较高的两种植物，它们大部分是为制

87

作食糖而专门种植的。甜菜长什么样子呢？它看起来就和菠菜差不多。甘蔗长得有点像玉米秆。人们把甘蔗榨成甘蔗汁，再制成食糖。全世界种植甘蔗最多、产量最高的国家是巴西、印度和中国。

另外的一个岛是海地岛，岛上有两个国家：海地和多米尼加。 这两个国家和美国的政权组织形式一样，实行的都是总统共和制，总统和议员都是由选举产生。

据说，哥伦布就是在海地岛上离开人世的。后来，当地居民还真在岛上发掘出了一具遗骨，当地人把它送回西班牙，但大多数人认为那不可能是哥伦布的遗骨，哥伦布很可能还埋在海地的一个不为人知的角落。

还有一个叫牙买加的小岛，当地盛产香蕉。我们平时吃的香蕉都是黄色的，但是你可能不知道，刚采摘下来的香蕉都是绿色的，也就是没有成熟的。等把它们运到美国出售的时候，这些绿香蕉就全部变黄了，那个时候再吃，味道就非常香甜了。如果你实在是嘴馋，吃了没有成熟的香蕉，可能会肚子疼，如果真是那样的话，那就吃点牙买加出产的姜吧，你肯定会好受得多。另外胃疼的时候吃一点这种姜，也会有很好的治疗效果。

如果船上装的是烟草、食糖、海绵、蔬菜、香蕉，而不是金银珠宝的话，估计海盗是不会下手的，因为即使他们把这些东西全部抢走，也值不了几个钱。

第 *20* 章

南美洲风情

如果眼前有一张世界地图，看看吧，南美洲像什么？即使随便想一想，你也会发现，和南美洲相似的东西实在太多了，比如一根刚刚拔出土的胡萝卜，一颗新鲜的大头菜，一个正在滴水的漏斗，一片漂浮在湖面上的叶子，一个巨型无花果，一个倒放着的梨，一支滑动的船桨，一块烤熟的羊排，还有冰箱里的甜筒冰激凌……那它更像什么呢？

巴拿马和合恩角分别是南美洲的最北端和最南端。在南美洲，有一条延绵不断的山脉——像中国的万里长城一样——从巴拿马延伸到合恩角，横贯了整个南美洲大陆，它的名字叫安第斯山脉。

在南美洲有一个国家叫哥伦比亚，它距离巴拿马非常近。是不是觉得"哥伦比

审图号　GS(2004)071号

南美洲的模样。

亚"和第一个发现美洲大陆的人——"哥伦布"的读音非常相似啊，是的，哥伦比亚就是由哥伦布这个名字演变而来的。

当欧洲的白人第一次登上南美洲时，他们惊奇地发现，在北部的沿海地区，有一个与哥伦比亚毗邻的国家，这个国家的印第安人竟然在水中建造房屋。这种建筑方式与欧洲的意大利水城威尼斯非常相似，因为威尼斯大部分的房屋也都建在水中。这个国家就是委内瑞拉。在西班牙语中，"委内瑞拉"就是"小威尼斯"的意思。在委内瑞拉海边，你会看到有一座与众不同的岛屿——特立尼达岛，岛上有一个奇怪的湖泊，湖里没有一滴水，但湖中却有大量的沥青，这个湖也被称为"沥青湖"。沥青是修路的重要材料，所以当地人就把湖里的沥青开采出来运到美国用于修路。

委内瑞拉的东面有一个特别小的国家——圭亚那，英国、荷兰、法国曾经从这里抢走了大量的财富，并且反复抢夺这块土地的所有权，还在那里分别建立了英属圭亚那、法属圭亚那等殖民地，现在圭亚那已经成为英联邦中一个独立国家。

在圭亚那，有一个几乎比尼亚加拉大瀑布高五倍的瀑布，那就是"凯厄图尔瀑布"。由于瀑布处在很偏远的地方，很多人都走不到那里，大部分人连听都没听说过。你问问你爸爸有没有听说过凯厄图尔瀑布，他很有可能会被这个问题难住哦。

赤道把地球分为南北两个半球，它缠绕在地球的中间，就像在一个小胖墩的腰间系了一条腰带。厄瓜多尔是位于赤道附近的南美洲国家，在西班牙语中，"厄瓜多尔"就是"赤道"的意思。一般情况下，越靠近赤道的地方就越热，但是由于厄瓜多尔位于南美洲最高的安第斯山脉上，所以那里全年都十分凉爽。基多是厄瓜多尔的首都，这里有两座全世界最高的火山：钦博拉索火山和科托帕希火山。钦博拉索火山比科托帕希火山要高一些，它是一座永远都不会喷发的死火山；科托帕希火山是一座活火山，如今这座火山还会时不时地喷发。

第70章

南美洲风情

你喜欢吃巧克力吗？我知道很多美国的孩子都很喜欢。虽然我们离厄瓜多尔很远，但是全世界大部分制作巧克力的可可豆都是那里出产的。可可豆像豌豆一样，被包在果实里。果实却像西瓜一样结在粗壮的树干上。

生活在厄瓜多尔地区的居民多数是印第安人，他们非常凶残野蛮，对他们来说，割下敌人的头颅是一种娱乐活动，就像我们唱歌、捉迷藏一样。为了获得女人或者金银珠宝等自己喜欢的东西，或者纯粹是因为郁闷或者无所事事，他们就会和其他部落打一仗。打仗肯定会死人的，胜利者会把失败者的头颅砍下当做纪念品。（这和美洲北部的印第安人的风俗——割下敌人的头发、头皮当成纪念品一样。）在厄瓜多尔，谁收集到的敌人的头颅最多，谁就是最伟大的战士。这里的印第安人在打仗时不用传统的弓箭，而是用"吹矢枪"。吹矢枪竖起来有个成年人那么高，在枪内装上涂有毒药的竹箭或小飞镖，靠吹气发射，被射中的敌人或动物很快就会中毒死去。这些印第安人捕鱼的方法也非常野蛮，他们一般不用渔竿和渔网，而是直接将毒药倒入河水和溪中，鱼被毒死后就会漂浮在水面上。当然，这种药的毒性不会危害到人的健康。

在厄瓜多尔生活的印第安人，是迄今为止人们发现的所有印第安人部落中最野蛮的一支。而紧挨着厄瓜多尔南部的秘鲁地区，也居住着一支印第安人部落，他们应该算是迄今发现的最开化的印第安人部落了。他们从来都不住帐篷、棚屋或茅屋，而是住在舒适的宫殿里。这一分支的印第安人又被称为"印加人"，他们把库斯科当成自己的首都。印加人手中掌握着大量金银财宝，在西班牙人踏上库斯科这座城市之前，当地人就已经开采、利用金矿和银矿了。但是西班牙人凭借着自己手中的枪炮，从印加人手中轻轻松松地抢走了大量金银财宝，同时他们还变本加厉，强迫当地人寻找更多的金矿和银矿，从而掠夺更多的财富。然而，令这些西班牙人想不到的是，

瞧见图中那名印第安人嘴上那种长长的东西了吗？这就是吹矢枪。和弓箭一样，它也是印第安人的武器，用来射杀敌人和动物。

在回国的途中，他们的金银财宝会被海盗抢劫一空。

很多西班牙人来到秘鲁后就永远地留在了那里，和印第安人通婚。如今在秘鲁人中，西班牙人和印第安人的混血儿十分常见。

现在秘鲁首都早已不是库斯科了，很久以前就迁到了利马。可能你会认为我们平时吃的利马豆是利马出产的，事实上利马豆和利马没什么关系。利马倒是出产了一种能够治疗发烧的药。当地的印第安人把当地某种树的树皮剥下来放在水里煮，让发烧的人当成茶来喝，这种茶治疗发烧的效果非常明显。于是当地人就收集这种树皮，把它们卖到其他国家，当做生产退烧药的原料，这种药就是我们在发烧时经常吃的奎宁。

在美国，火车或汽车是运送货物的主要交通工具。但是在安第斯山脉，你会发现当地人运送货物时用的是动物——美洲驼。美洲驼和沙漠中的骆驼外表很像，但是没有驼峰。

听说过西蒙·玻利瓦尔吗？在南美洲，西蒙·玻利瓦尔可是一位家喻户晓的伟人，被誉为"南美洲的乔治·华盛顿"。在历史上，英国拥有过13块殖民地，版图大得惊人。西班牙曾经也是拥有殖民地最多的国家之一。但是出生在委内瑞拉的西蒙·玻利瓦尔一直认为，西班牙等一些西方殖民主义国家是在无情地压榨那些被殖民的国家。玻利瓦尔曾经多次去过美国，知道美国曾经受过英国的剥削，在乔治·华盛顿领导的美国独立战争取得胜利后，美国才摆脱了英国的统治，成了一个拥有独立主权的国家。于是，玻利瓦尔决心在南美洲，在委内瑞拉和其他几个国家发动一场革命，推翻西班牙的殖民统治，让国家获得独立，让人民获得自由。玻利瓦尔的革命之路非常艰辛，他不断地逃亡，然后又重新回到南美洲。经过漫长的斗争，南美洲的革命最终取得了胜利，其中有五个南美国家成为拥有独立主权的国家。玻利瓦尔逝世后，南美大陆的很多人都非常怀念他，其中有一个叫"高秘鲁"的国家还根据玻利瓦尔的名字重新命名这个国家为"玻利维亚"。现在的玻利维亚是南美的一个内陆国家。

玻利维亚是个盛产锡的大国，全世界的锡大部分都产自玻利维亚。锡的价格很高，纯锡做的东西一般人是买不起的。我们平时用的锡锅和锡罐，事实上都是铁做的，只是在外面涂了一层锡。为什么要涂上一层锡呢，因为锡不易生锈，它可以让铁锅和铁罐更耐用。

"提提卡卡湖"，听起来真是一个很有趣的名字，我们在说的时候就像结巴了一样。这个湖位于玻利维亚和秘鲁之间。在全世界面积相近的湖中，提提卡卡湖是海拔最高的一个。我曾经在家里的地窖中做了一个划艇，完工后却发现划艇做得太大了，根本没办法把它从地窖里搬出去。我只好把划艇拆掉，搬出地窖后再重新组装。提提卡卡湖的位置非常高，如果想在湖里划船的话，就只能先在山下购买船的零部件，再把它们运上山重新组装。

第 *21* 章

橡胶和咖啡的王国

"高山流水"这个成语你一定不会陌生，为什么是"高山流水"而不是"流水高山"呢？因为有了高山，才会形成河流。如果地球上的陆地像桌子一样平坦，就不会有河流了。还记得吗，在南美洲有一条著名的山脉——安第斯山脉。水从安第斯山脉流下来，汇成了世界上流量最大的一条河——亚马孙河。在地图上，亚马孙河的样子很像枝蔓横生的植物，这是因为它拥有很多支流。亚马孙河可比你平常见到的河流宽多了，站在河的一边根本就看不到另一边。

你洗澡时不会让水一直开着吧？那样的话浴缸里的水就会流出来。那为什么这么多河流流入海洋后，海水不会溢出来呢？那是因为海洋里的水在不断地蒸发，水蒸气升到空中，就变成了云朵。风吹着云飘啊飘，飘到陆地上空后，又变成雨降落到地面。树木和其他植物吸收了大部分的雨水，其他的则流到了河里，最终又汇入了海洋。地球上的水就是这样循环的——河流流入大海，海水蒸发变成云，云变成雨落到地面，地面雨水流进河里，河流又流入海洋……在这样一个反复循环的过程中，地球上的水没有增加也没有减少，只是它们存在不同的地方，而且存在的状态也不一样罢了。安第斯山脉地处太平洋沿岸，在它的左边没有河流汇入太平洋，右边河流中的水都通过亚马孙河流入了大西洋。

巴西是亚马孙河流经的国家之一，也是南美洲最大的国家，国土面积仅次于俄罗斯、加拿大、中国和美国。到了巴西，巴西人会告诉

第71章

橡胶和咖啡的王国

你他们的国家之所以叫巴西是因为有一种叫"巴西红"的树，可以用它来制造染料。如果按这种方式来命名的话，巴西应该叫"橡胶"或者"咖啡"，因为这两样东西在巴西比"巴西红"更常见。

亚马孙河两岸覆盖着茂密的热带雨林，它们都是天然的原始丛林，那里气候炎热潮湿，不适合人类居住，但非常适合植物的生长。那里的植物长得非常快，就像英国民间故事《巨人杀手杰克》中的那颗魔豆一样，种下不久便长到天上去了。因为热带雨林的植物长得太稠密了，所以想要穿过一片很小的树丛都是一件很困难的事。那里有很多植物大得超出你的想象，比如，睡莲的叶子大得就像圆桌一样。

在热带雨林中生活着许许多多的野生动物。在那里，你随处可以见到街头卖艺用的猴子，还有各种各样的鹦鹉。你见到过会说话的鹦鹉吗？它们可不是天生就会说话的，它们在热带雨林中被船员抓到后，经过船员耐心地教授才学会了说话。那里还有五彩的蝴蝶和斑斓的飞蛾，可以称得上是一个活的标本库。还有一种叫王蛇的巨蟒，它常常缠在树上，伪装成粗壮的树藤，用来迷惑猎物。当猎物靠近时，它就找机会把猎物死死地缠住，直到猎物窒息而死，再把它整个儿吞下去。吃饱了以后，王蛇就要睡大觉了，它可以连续睡上一个星期，有时候甚至能睡上一个月，直到食物消化完了才开始继续捕食。那里还有一种可以倒挂在树枝上的动物，它连睡觉都是头朝下，就像你坐摩天轮时被倒挂起来一样。这种动物无论干什么都是慢吞吞、懒洋洋的，似乎一直都处在睡觉的状态，即使偶尔动一下，速度也很慢很慢，人们就给它起了个名字叫"树懒"。那里还有一种超大个儿的牛蛙，叫起来像是狮子在吼。而且那里还有讨厌的蚊子，被它叮咬后很容易会得疟疾。你可能会觉得奇怪，热带雨林里有那么多恐怖的野生动物，为什么人们还要去那里呢？事实上，这些人正是冲着这些野生动物去的，他们将捕捉到的野生动物卖到动物园或者博物馆，可以赚到大把大把的钱。

白人刚刚进入亚马孙流域时，发现当地的印第安人喜欢玩一种弹性极好的球，这种球能在地上反复地跳来跳去。白人可从来没有见过这种玩意儿。当他们听说这种球是用一种树的汁水做的时候，满脑子都是钱的白人马上想到了一条生财之道。他们觉得可以把这种汁水的用途扩大，比如说可以做成网球、高尔夫球，等等。他们还为这种汁水取了个名字叫橡胶，橡皮、轮胎、胶带、胶鞋等物品都是用橡胶制成的。经过加工处理，他们还把橡胶汁水制成了不同质地的橡胶，有软橡胶、硬橡胶、吸力橡胶、弹力橡胶，等等，好比一个心灵手巧的糖果师，用相同的原料，稍稍改变了一下制作方法，就制作出了太妃糖、橡皮糖和卡拉梅尔糖等不同的糖果。

热带雨林中有很多橡胶树，割胶工人先是在树干上刻出一个槽状的口子，再在口子的下面挂一个杯子。我们知道，手指不小心被划破后会流血，橡胶树皮被割破后也会流出汁水，等到汁水差不多流满整个杯子时，割胶工人就把汁水集中到桶里，带回住的地方。要是橡胶汁水足够多了，工人们就会取来木棒，把汁水浇在木棒上，放到火上去烘烤，直到烤干。接着再重新在木棒上浇上汁水，再放到火上烘烤。这样重复多次后，木棒上就会聚集起一大团烤干的橡胶。这些工人把成团的橡胶装在独木舟里，运到亚马孙

看见这些白色的汁液了吗？这就是橡胶。到橡胶林以后，人们只要像这样在树上切开一条口子，白色的汁液就会慢慢地将容器盛满。

第21章

橡胶和咖啡的王国

河边，那里有很多大船，等着把橡胶运到世界各国去。

　　巴西还盛产一种喝的东西，也很有名，几乎每天早晨美国的小朋友都会喝到它。你猜到是什么了吗？对了，就是咖啡。巴西的橡胶树是野生的，但是咖啡树是人工种植的。巴西本来是没有咖啡的，后来大洋彼岸的白人来到巴西后，很怀念家乡的咖啡，就把咖啡树苗带到了巴西。慢慢地，这些白人发现巴西的土壤和气候都非常适合种咖啡，所以就逐渐扩大了种植规模。现在，巴西已经成为世界上咖啡产量最大的一个国家了。

　　咖啡树非常矮小，它的果实很像樱桃，每粒果实里都有两颗种子，这就是我们常说的咖啡豆。把咖啡豆烤熟，磨成粉，再用适当温度的水冲泡，就成了我们今天喝的咖啡。

　　很多年前，一支葡萄牙探险队顺着巴西海岸向前航行，在元旦那一天，他到了一个河口。因为这一天是一月的第一天，所以他就用葡萄牙语为这个河口取了个名字——"里约热内卢"，意思是"一月的河流"。实际上那并不是河口，而是一个海湾。很多年以后，人们在那里建了一座城市，"里约热内卢"这个名字却被沿用了下来，后来成为了巴西的首都。（如今，巴西已经把首都从里约热内卢迁到了巴西利亚。——译者注）在里约热内卢港口内，有一块巨大的石头矗立在水中，它看上去非常像一块巨大的法式面包，所以又叫"面包山"，它是里约热内卢的象征，也是巴西著名的旅游景点。

　　在巴西，不只是里约热内卢盛产咖啡，位于里约热内卢南部的城市桑托斯，也是一个盛产咖啡的城市。"来喝杯咖啡吧。"行走在里约热内卢或桑托斯的大街上，你经常会听到这样热情的邀请。现在，一提到咖啡、可可、锡罐、沥青和橡胶这些东西，人们就会不由自主地想到巴西。这些东西承载了巴西的历史，如果它们能开口说话，肯定会告诉你更多更多关于巴西的故事。

第 *22* 章

白银之都

在新生儿出生之前,爸爸妈妈肯定会绞尽脑汁为他(她)取名字。但是,有的孩子长大后,名字就显得与人不相称了。比如说,"查尔斯"是"强壮"的意思,但叫这个名字的孩子长大后可能会又瘦又小;"鲁思"是"美丽"的意思,但叫这个名字的孩子长大后可能会很丑。那些最早到达南美洲的白人就犯了这种错误,当他们达到巴西以南的国家时,看到当地的印第安人个个都戴着银手镯和银项链,就以为那里蕴含着丰富的银矿资源,所以为这个国家取了"阿根廷"这个名字,因为在西班牙语中,"阿根廷"是"白银之都"的意思。后来,人们发现阿根廷的银矿资源很少,可是名字既然已经被人叫熟了,那就继续叫下去吧。就像有些孩子在长大后越来越"人不如其名"了,但他(她)依然会叫这个名字。

阿根廷的银矿资源少并不代表这个国家穷,它可是南美洲最富裕的国家呢。这里盛产小麦和肉类,阿根廷人就是靠出售这两种东西挣了不多钱,所以按西班牙人取名的方法,阿根廷应该叫"小麦之都"或"肉类之都"。但是很显然,这两个名字听起来都没有"白银之都"好听。阿根廷有大片适合种植小麦和玉米的农场,还有茂盛的大草原,非常适宜牛羊的生长。你肯定对"牛仔"这个词不陌生吧,那是人们给放养牛羊的人取的名字。在阿根廷,"牛仔"被称为"加乌乔牧人"。加乌乔牧人常身穿南美披风,那是一种像毯子一样的东西,是方形的,中间留个洞,方便穿的人把脑袋伸出来。这种披风白天是衣服,晚上就是毯子。加乌乔牧人通常会随身携带一把尖刀，它既能用来当防身武器，还可以用来切东西，比如，吃饭时用来切割食物等。

阿根廷人收获的玉米大部分都用来饲养牛羊，然后靠出售牛肉、羊毛赚钱。

阿根廷又被称为"南美洲的美国"，因为在很多方面，它和美国很相似。比如，阿根廷和美国一样都有四季，有炎热的夏天，也有寒冷的冬天。但不同的是，阿根廷大雪纷飞的时候正是美国炎热的夏天，阿根廷的夏季则是美国的冬天。这是因为阿根廷是南半球国家，而

加乌乔牧人大多是与印第安人的混血后裔，靠放牧、打猎为生，性格强悍，喜欢骏马和吉他。

美国是北半球国家。在阿根廷，一二月份树木茂密、鲜花盛开，人们需要避暑；七八月份，他们则可以享受滑冰滑雪的乐趣。

我们在前面已经知道了，纽约是北美洲最大的城市，而阿根廷的首都——布宜诺斯艾利斯则是南美洲最大的城市。在西班牙语中，"布宜诺斯艾利斯"的意思是"清新的空气"。布宜诺斯艾利斯的旁边有一条拉普拉塔河，在西班牙语中，"拉普拉塔"也是"银子"的意思。有趣吧？"白银之都"里流淌着"银子之河"。

在大多数南美洲的国家中，白人都比较少。在阿根廷，印第安人与白人的混血人种比较多，这一点跟美国也很相似。不过阿根廷

的白人说西班牙语，因为他们大部分是从西班牙来的，而美国的白人都说英语。

从"银子之河"顺流而上，有两个夹在几个大国之间的小国，它们就是乌拉圭和巴拉圭。这两个国家和阿根廷一样，在国内也养着成群的牛羊，也有放牧的加乌乔人，牧羊人也穿着南美披风。巴拉圭有一种类似于茶树的树，叶子可以用来泡茶，人们通常把它叫做巴拉圭茶。在南美洲，许多人都喜欢喝这种茶。当地人曾试图把这种茶卖到其他国家去，他们认为自己喜欢喝的茶，其他国家的人也会喜欢喝。让他们很失望的是，其他国家的人对这种茶一点兴趣也没有，因为他们更喜欢喝咖啡，这样一来就没有人去关注巴拉圭茶了。很多时候，大人和小孩子是一样的，喜欢的东西才会吃或者喝，不喜欢的东西可能连看都不看一眼。在美国，人们都喜欢喝苏打水，其他国家的人却没有这个爱好。

安第斯山脉充当了阿根廷与智利的分界线。智利位于太平洋沿岸，有"纤长之国"的美誉。"智利"的意思是"白雪的国度"，这是因为智利境内的山脉比较多，山顶上常年被厚厚的白雪覆盖着。虽然安第斯山脉横在中间，却阻挡不了智利和阿根廷两国的战争。后来这两个国家达成了和平协议，停止战争，这有点像美国和加拿大，他们将所有的金属武器收缴熔化，铸成了一座手执十字架的耶稣大铜像，铜像的底座上写着："除非安第斯山脉崩塌，否则智利和阿根廷将保持永久和平，永不交战，两国对着耶稣起誓。"从那以后，两国之间真的再也没有发生过战争。这真是阻止战争的一个简单而有效的方法，现在正处在战火中的其他国家和地区是否可以借鉴一下呢？

你可能会这样认为：智利的国土那么狭长，又有那么多山地，智利人的生活肯定很落魄吧？其实正好相反，智利也是个很富裕的国家。在智利北部，有一片可能十几年都不会下一滴雨的沙漠，可就是这块地方却是世界上最值钱的几个地区之一。你肯定不相信，一开始我也觉得不可思议。你想，那里不能种植物，不能放牧，没有金银财宝，怎么可能会值钱呢？可事实就摆在眼前。你听过"硝酸钠"吗？它是深海里的一种盐，是那块不毛之地的宝贝。为什么称它宝贝呢？因为世界上几乎所有的地区都需要它。硝酸钠是一种很有效的肥料，庄稼吸收了这种肥料后会长得很好。你可能又有了新的疑惑：既然硝酸钠对庄稼生长那么有利，为什么那里不长庄稼呢？这是因为那里缺雨水啊！也幸亏不下雨，要不然硝酸钠就都被溶化掉了。这片沙漠很像一条细长的沟渠，那是因为它原来深藏在海底，后来由于地震，这块地方就从海底隆出了水面，形成了陆地。海水慢慢地被蒸发掉，硝酸钠也就留了下来。智利也出产碘，你应该听过这种东西吧？当不小心擦伤的时候，妈妈在我们的伤口上涂的那种褐色的东西就是碘酒。单听名字你就知道了，碘酒里含有碘。

智利有个山谷叫"天堂之谷"，它其实是智利的一个海港。那里的风景算不上秀丽，气候也不好，跟我们想象中的"天堂"差远了。真弄不明白人们是怎么想

看，这座手握大十字架的耶稣铜像，它是安第斯山的守护神，是它为智利与阿根廷两国的战争画上了句号。如果在世界上每两个国家的交界线上都放一座这样铜像，那么世界会不会永远和平？

的，怎么把这么好听的名字给了它。在西班牙语中，它又叫"瓦尔帕莱索"。

智利的首都是圣地亚哥，由于地处高山，那里气候凉爽宜人。"圣地亚哥"是"圣詹姆斯"的意思。

哥伦布没有实现环游全世界的梦想，可麦哲伦做到了。麦哲伦出发时和哥伦布选择的方向一样，也是向西，直到被美洲大陆挡住了去路。但他没有停止前行，也没有返回西班牙，而是顺着南美洲继续航行，希望能找到可以通往太平洋的航道。他先从亚马孙河走，以为可以找到，但是失败了；他又从拉普拉塔河走，这次也没有成功。最后，他一直航行，差不多到了南美洲的最南端，才找到通往太平洋的通道。这条航道是一条蜿蜒曲折海峡，为了纪念麦哲伦，它就被命名为"麦哲伦海峡"。麦哲伦经过海峡时，看到左边陆地上燃起了熊熊大火，没人确定那是火山爆发引起的大火，还是印第安人点燃物品时引起的大火。所以，他就把那个地方叫做"火地岛"，在西班牙语中，"火地岛"的意思是"大火燃烧的土地"。他右边的陆地现在也属于阿根廷，因为那里的印第安人长着大脚板，所以他就把它们称为"巴塔哥尼亚人"，意思是"大脚的人"。

几个世纪以来，很多前往太平洋的船只都是沿着麦哲伦开辟的航线航行的。当然，也有一些船只直接绕到南美洲最南端的合恩角再驶进太平洋。合恩角是一个暴风雨多发的地区，行船十分危险。后来，在麦哲伦海峡的两岸建起了一个像汽车加油站一样的小镇，为来往的船只提供所需的物资，保证它们可以继续向前航行。这个小镇叫"蓬塔阿雷纳斯"，意思是"沙地"。蓬塔阿雷纳斯是全世界最靠南的城镇。后来，巴拿马运河开通了，几乎所有的船只都选择通过巴拿马运河驶入大西洋或太平洋。这样一来，蓬塔阿雷纳斯就没有以前热闹了，当地人也没了生活的来源。于是，他们又想出了另一种生财之道——在火地岛上放牧绵羊，靠出售羊毛赚钱。

第 **23** 章

跨过大西洋

要去欧洲旅行吗？那你可要好好准备一下，因为无论你是选择乘船还是坐飞机，除了船票或飞机票，行李是必不可少的，除此之外，你还要带上两样东西。想想会是什么东西呢？一个是钱，当然不可能是美元，一定要带上目的地国家所能用的钱；还有护照，护照是你从一个国家进入另一个国家的通行证。护照就像一本薄薄的书，上面贴着你的照片，还有几页关于你的基本资料。护照必须随身携带，如果弄丢了，即使你到了目的地国家，也不能在这个国家旅行，更不可能从一个国家进入另一个国家了。

当年，哥伦布从欧洲到达北美大陆，花了整整一个月的时间。如今，乘船从北美大陆最大的城市——纽约出发，到达欧洲最大的城市——伦敦，大概需要一周的时间。

如果想更快，那就坐飞机吧！用不了一天时间就到了。

这已经够快了，但是还有一种东西，比坐飞机还要快，猜猜吧，会是什么呢？是太阳，太阳的速度更快，它每天都会从伦敦"飞"到纽约，大概只需要五个小时。

当太阳高高挂在伦敦天空的正中时，伦敦人可以把时间设定为中午 12：00，也就是我们所说的正午，五个小时以后，当纽约人看见太阳高高地挂在天空的正中时，他们也把时间设成中午 12：00。但是，在太阳从伦敦上空"飞"到纽约上空的过程中，伦敦的时钟也在"滴答滴答"地走个不停，当太阳在纽约时间 12：00 到纽约上

从纽约到伦敦只需5个小时。

空时，伦敦的时间已经是下午5:00了。伦敦所有钟表的时间都比纽约要快五个小时，这五个小时就是时差。比如，伦敦的时间是上午10:00，此时纽约的时间就是早上5:00；如果纽约的时间是晚上8:00，那么伦敦的时候就是凌晨1:00。明白了吗？

　　如果你从纽约去伦敦，到达目的地后的第一件事就是先把你的手表调快五个小时，这样你手表上所指示的时间才能和当地的时间一致。一样的道理，如果你从伦敦回到纽约，那就把你的手表拨慢五个小时吧。如果你在上午的9:00打电话到伦敦，问问对方现在是什么时间？对方肯定会跟你说现在是下午2:00。

　　航海船上的时钟看起来和家里用的时钟没什么区别，但是它们敲钟的方式和家里的就明显不同了。家里用的时钟，1:00到了就敲1次，2:00到了就敲2次，依此类推，到了12:00就敲12次，也就是说，最多敲12次。船上用的时钟则是1点到了敲2次，2:00到了敲4次，4:00到了就敲8次，然后，4:30时再敲1次，5:30时敲2次，6:30时敲4次，但它们永远都不会超过8次。

　　到了晚上，我们会睡觉，但是在海洋中航行的轮船在夜里照常会行驶。船上的各项工作划分得非常细致，船员们轮流值班，有的负责发动机的维护，有的需要掌握船的航向，还有人专门负责查看周围的环境，确保轮船在海洋中安全行驶。

　　你是不是想问：在一望无际的海洋里航行，四周又没有任何东

跨过大西洋

西帮助船长辨别方向，他是怎样确保不出错的呢？

其实这并不困难，因为在每一艘轮船上面，都配有一根小小的指针。无论船体怎样颠簸，这个指针始终指向同一个方向。这就是我们平常所说的指南针。指南针最早是由中国人发明的，如今在大大小小的船上都能看到。

乘船比坐汽车或火车舒服多了，特别是遇上天气晴朗的日子，那真是一种美妙的享受。你可以在甲板上和同伴玩游戏，也可以参加舞会，也可以在船上的露天游泳池里畅游，还可以和大海留影，或者给朋友写信或者写明信片，也可以吹着海风看看书。如果你什么都不想做，那就躺在甲板上的休息椅上舒舒服服地睡上一觉吧。如果你运气好，你还会看到海豚。它们在轮船四周欢快地游来游去，突然会有一两只腾空跃起，又落入水中，溅起一朵朵漂亮的浪花。这些海豚一会儿在船的后面，一会儿又跑到船的前面，仿佛在和船比赛谁游得更快呢。如果船在海上航行时遇到了冰山，最好早早地绕开它们，哪怕是一座很小的冰山，也不能大意。因为冰山露出海面的只是很少的一部分，藏在水下的部分可能要比船大好几倍甚至几十倍呢。船要是撞在这样的冰山上，一般都会船毁人亡。有时候你会在海上看见一座"小岛"，并且还会喷出巨大的水柱，其实那是鲸鱼浮在海面上透气呢。鲸鱼不能在水面待太长时间，呼吸两口新鲜空气后会立马潜入水下。

遇到冰山一定要小心。

有时候，大西洋上没有风浪，海面平静得就像一面镜子，"风平浪静"这个成语说的就是这样的情形。有时候，海上会刮起狂风，下起暴雨，这时就会出现汹涌澎湃的波浪，船只会随着海浪上下颠簸，并且摇晃地非常厉害，这时很多人都会因为不适应而晕船。如果你在这个时候吃饭，那可要小心了，你必须用东西把盘子固定住，不然盘子很容易就会落到甲板上摔碎。有时候海浪特别大，你会感觉随时都有翻船的危险。其实，你不用担心，只要船没有撞上冰山或者其他船只，无论再大的风浪，船都会安然无恙。

除了风浪之外，浓浓的海雾也是船长必须要面临的问题。一旦海上出现浓雾，附近的船只和冰山就很难识别了，很容易发生相撞事故。就像你在漆黑的夜晚走夜路会特别害怕一样，每当遇到浓雾，船员也会特别小心。他们会减慢船的速度，并且在船上安装一个高音喇叭，每分钟这个喇叭就会通过设定的发条鸣一次，一直持续到浓雾散尽。有时，海上的浓雾会持续很长一段时间，全部船员会站在船舷上，仔细倾听远方其他船只的声音，认真查看附近的环境。一般，远处其他船只的喇叭声可以清楚地听到，但并不能看见对方的船只，只有等到两条船相隔几米远的时候，才能隐隐约约地看见。有时候，整个航程都有浓雾笼罩，等到浓雾散尽，英国的海岸就会出现在眼前了。

在海上航行，我们总是希望快一点儿到达目的地。那怎么可以知道是否即将到达海岸了呢？现在我告诉你一个方法——看海鸥。对，是海鸥！生活在海边的海鸥一旦看到有船只即将靠岸，就会一群一群地飞过去。它们可不是特意飞来欢迎你的，而是为了填饱肚子。海鸥们很聪明，它们知道船上厨房里的垃圾中肯定会有好吃的东西。

在每一艘大船靠岸前，会有几条小船向大船驶去，它们是干什么的呢？它们为什么要驶到大船的旁边呢？原来它们都是引航船，

跨过大西洋

它们负责将大船引进港口。体积庞大的大船要想在港口靠岸非常困难，所以经常会有几只小船牵引着大船进入海港。大船在顺利靠岸后，会在码头和甲板上放一座步桥，通过这座步桥，乘客们就可以登上英国的领土了。英国人和美国人的习惯基本相同，说的都是英语，美国人可以跟英国人自由交流。不过因为两个国家的语音有一些细微的区别，在美国人看来，英国人说的英语实在有点奇怪，同样，英国人也觉得美国人说的英语一点也不优雅，并且还嘲笑美国人说的英语带有浓厚的方言气息。来到英国本土后，人们还需要出示护照，检查行李。负责检查护照和行李的人被称为海关人员，只有你的行李符合英国法律的要求，海关的工作人员才会允许你通过，有时候你可能需要为你的行李交纳一定的关税。

第 **24** 章

英格兰（上）

英格兰很早之前是大不列颠岛上的一个小国，盎格鲁人曾经在那里居住过，因此，这个国家最初被称为盎格鲁人之国，后来改名为英格兰。在当时的大不列颠岛上，还有两个小国家，分别是威尔士和苏格兰。另外，紧靠着大不列颠岛，还有一个叫做爱尔兰的岛国。后来，英格兰、威尔士、苏格兰，再加上爱尔兰岛北边的一小部分（北爱尔兰）联合起来，成立了一个叫大不列颠及北爱尔兰联合王国的国家，这就是今天的英国。

虽然英国四面环海，但并不是说到英国的船可以随便挑一个地方停靠。英国很多地方的海水都很浅，大船靠岸时很有可能搁浅或者触礁翻船；还有一些地方岩石密布，大船根本无法靠近；也有很多地方有很高很高的悬崖。利物浦和南安普敦是英国的两个优良港口，大部分到英国的船都在这两个港口靠岸。从名字上看，我们就可以知道南安普敦是英国南部的港口。当然，要想从东面进入英国的话，可以从伦敦上岸，不过这需要船只驶过泰晤士河（泰晤士河是流经伦敦的一条大河）。伦敦塔桥是从英国伦敦泰晤士河口算起的第一座桥，大型船只行驶到这里只能靠岸。说到伦敦塔桥，我小时候经常玩的一个游戏叫做"伦敦塔桥要塌了"？不过，伦敦塔桥在历史上的确塌过几次，但很快又被修好。现在的伦敦塔桥非常结实，应该不会再塌了。

伦敦的历史非常悠久，传说在耶稣诞诞生以前，它就已经存在了。

英格兰（上）

不过当时的伦敦非常小，位置还很偏僻，估计耶稣一辈子也没听过伦敦这个地方。如今，伦敦已经是全世界最繁华、最有魅力的城市之一了。

在美国纽约，到处都是高楼，这是一座名副其实的"钢铁森林"，那里的楼房有50层以上，有的甚至超过了100层，只要你一抬头，就可以看见直插云霄的高楼大厦，相比较而言，伦敦的楼房则普便比较低矮。伦敦人上班时一般乘坐双层巴士，当然他们也会选择乘地铁。

伦敦是英国的首都，英国的国会大厦也建在伦敦。在英国，国会大厦被称为"议院"，意思是"这里是你自由发表看法的地方"，人们在这里不但可以发表自己的看法，还可以制定法律。我曾经在美国国会大厦附近住了很多年，每天都可以看到国会大厦的圆形屋顶，那时我一直以为所有国家的国会大厦都是圆形的。当我第一次见到英国的国会大厦时，觉得很奇怪，因为它不是圆顶，而是尖塔顶。英国议院大楼的顶上有一个方形的钟塔，钟塔上安装了一口大钟，被人们称为"大本钟"。

不过，伦敦还真有一座有着圆形屋顶的建筑，它就是圣保罗教堂。据说，当年建造美国国会大厦的时候，建筑师就是仿照圣保罗教堂设计建造的。这座教堂建成的时候，世界上还没有华盛顿这座城市，当然也不存在美国这个国家。1666年，伦敦遭遇了一场毁灭性的火灾，后来人们称那场火灾为"伦敦大火"，这场大火几乎在一夜之间就把整个城市烧成了灰烬，也包括圣保罗教堂。大火过后，人们立即开始了伦敦的重建，并推举了一名叫克里斯多夫·雷恩的人担任总设计师，也就是因为这个契机，很多漂亮的教堂和其他建筑在灾后被建得更加漂亮，新的圣保罗教堂就是其中之一。难怪有人会说，伦敦的这场大火烧出了很多漂亮的建筑呢。

第二次世界大战期间，德国法西斯军队不断空袭伦敦，向伦敦

投掷了很多炸弹，无数建筑在这次空袭中被击中，这里面也包括克里斯多夫·雷恩设计的很多建筑。不过因为他设计的建筑实在是太多了，还是有一些得以幸免，完整地被保留下来。伦敦人把德国的这场突然袭击称为"闪电式空袭"。虽然这场空袭给伦敦人带来了永久的阴霾，就像那场大火一样，但是这场突如其来的灾难激发了伦敦人或者说激发了所有英国人的勇气和信心，激励英国在二战中夺取胜利。

威斯敏斯特教堂是伦敦的另外一座教堂，它不是克里斯多夫·雷恩设计的。**威斯敏斯特教堂不仅仅是一座普通的教堂，它还是众多名人的墓地。很多著名的英国人都长眠于此，国王和王后，还有诗人、作家、音乐家和将军，等等。**在第一次世界大战结束的时候，人们为了纪念在法国战场上牺牲的那些无名的士兵，就把一名无名士兵安葬在威斯敏斯特教堂，后来这个地方也被叫做"无名纪念碑"。

威斯敏斯特教堂里有一把很不寻常的椅子，叫"加冕椅"。英国国王在加冕时都要坐在这把椅子上。在椅子的下面有一块巨大的石头，为什么要放这么一块大石头呢？这是因为，几百年前，位于英格兰北部的苏格兰是一个独立的国家，苏格兰国王加冕时坐的就是一块石头，后来英格兰和苏格兰合并成了一个国家，但苏格兰的这个传统被保留了下来。人们把那块石头搬到伦敦，放在了加冕椅下面。

伦敦塔是伦敦最古老的建筑，它是在伦敦大火之前落成的。很久很久以前，伦敦塔是一座监狱，关押着像英格兰王子和女王这样的历史风云人物，有的后来还被判处了死刑。现在的伦敦塔是一座历史博物馆，在这里，你可以看到一些你可能从未见过的古代物品，比如战士的盔甲啦，马和狗的盔甲啦，杀人用的垫头和斧子啦，皇冠上的金银珠宝啦，等等，无奇不有。英国女王的皇冠就在这里的白色丝绸枕头上放着，皇冠上有几百颗珠宝和一颗巨大的钻石。这颗钻石也有自己的名字，叫"科依诺尔钻石"，意思是"光明的高山"。

第24章

英格兰（上）

相传这颗钻石如果戴在男性身上，会带来厄运，所以最后被镶嵌在女王的皇冠上面。伦敦塔昼夜都有士兵守卫，他们被称做"英国皇家禁卫军仪仗卫兵"。在伦敦塔内，一旦装有珠宝的箱子被强行打开，伦敦塔所有的门就会自动关闭，小偷只能束手就擒。

石头、邮票、蝴蝶，或者硬币，这些都是收藏者喜欢的东西，在英国就有一个世界最大的收藏馆——大英博物馆，全世界很多的宝贝都收藏在这里。

伦敦有数不清的街道，如果把这些街道都连起来的话，据说可以绕地球一圈。伦敦街道的名字更是五花八门，数都没法数，记也没法记，很多街道连警察也不知道叫什么名字。不过你可以随身携带一本小地图，它可以帮你找到你想去的地方。有些街道是大家都知道的，像是针线街、切普赛德街、佩尔梅尔街和皮卡迪里街。很多漂亮的房屋、酒店、俱乐部和宫殿都位于皮卡迪里街上。还有那些著名的购物街，像舰队街、河滨大道、摄政街和邦德街，都吸引着世界各地的人前来购物。另外，牛津广场和皮卡迪里广场在伦敦也非常有名。

第 **25** 章

英格兰（下）

"你住在伦敦吗？"我曾经这样问过一个英国人。

"为什么大家都认为所有的英国人都住在伦敦呢？"他很不耐烦地回答，"除了伦敦，英国也有很多很漂亮的地方啊！"

彻斯特和曼彻斯特、牛津和吉尔福德、伯明翰和诺丁汉、北安普顿和南安普顿……还有很多很多的地方啊！

还没有等他把这些名字报完，我赶紧对他说："好，好，非常不错，可是那么多好地方我根本记不住啊！"

"那好吧，"他得意极了，"可以说，在英国，有将近6000万人在伦敦以外的地方居住。我的家就不在伦敦。"

英国的国土面积不大，无论居住在哪里的英国人，至少都会去一次伦敦。英国的火车速度很快，不管你从哪里出发，一天之内，你肯定能够到达伦敦。

铁路是英国人发明的，不过英国的火车跟美国的不太一样，它们看起来体积更小一些。每一节车厢的座位一半朝前，一半朝后，所以在这里，有一半的乘客是反着坐在火车上的。火车上的车厢大部分都是三等座，只有少数是头等座。头等车厢的车票要贵一些，每个座位上都铺着软垫子，非常宽敞舒适。三等车厢的座位则比较拥挤，座位上也没有软垫。在英国，车辆是靠左行驶的，而美国的车辆是靠右行驶的，如果你在英国不能及时适应的话，警察很快就会来找你。

英格兰（下）

美国人习惯用栅栏把公路与人行道隔开，英国人则喜欢使用树篱隔开。有的树篱非常高大，和《睡美人》里城堡外的树篱一样，你根本就没有办法看到树篱背后有什么，最多只能看到若隐若现的屋顶。在英国很多房子的屋顶都是用稻草做的，

在英国，车辆是靠左行驶的。

这一点和美国的房子完全不同。你是不是想问，茅草屋顶能够阻挡得了风雨吗？着火了怎么办？其实，英国房子的茅屋顶能很好得挡风遮雨，着火的可能性也很小。英国的树木不多，用木材建造的房子基本看不到，用石头或砖头建造的房子到处都是。英国几乎没有很大的森林，大部分原始森林已经被砍光了，剩下的就显得特别宝贵，人们根本就舍不得用这些树木来建造房屋，当然政府也不允许人们砍伐这些森林。这就不难解释，为什么在美国木头房子要比石头房子或砖头房子便宜，而在英国，木头房子要比石头房子或砖头房子贵得多了。

英国的风景名胜实在是太多了，包括那些数量众多、风格各异的教堂，它们让英国倍感骄傲和自豪。在美国，历史超过 100 年的教堂非常罕见，而在英国，几乎每座教堂的历史都超过 100 年，有的大教堂甚至已经有 1000 多年的历史了。大部分英国人都信圣公会教，因此英国的教堂大多都是圣公会教堂。在英国，圣公会教被人们视为国教。

英国有两所世界著名的一流大学——牛津大学和剑桥大学，这两所大学之间有着历史悠久的联谊传统，比如开展足球赛、板球赛和划船比赛，等等。牛津大学坐落在泰晤士河河畔，相传这个地方

是牛群趟水过河的地方；剑桥大学则位于剑河河畔，剑河上的剑桥让很多人流连忘返。

英国是一个盛产作家和诗人的国度，有不少著名作家和诗人的作品享誉全世界。对于近代大部分著名作家和诗人来说，他们都非常乐意去英国居住。威廉·莎士比亚，这位最伟大的英国剧作家，就在英国艾芬河畔的斯特拉特福小镇住过。

美国的新英格兰地区以制造业为主，英国本土的制造业也非常发达。英国是能源非常丰富的国家，拥有大量的铁矿和丰富的煤炭资源，煤炭可以为机器的运转提供能量，铁可以做成各种各样的东西。英国的钢铁工业非常发达，制造的铁制产品种类繁多，从大型的机械到袖珍刀片，应有尽有。在英国，有个叫谢菲尔德的小镇，这里生产的刀叉和银盘非常出名，这种餐盘又被称为"谢菲尔德盘"。

英国还是一个重要的布料生产国，主要包括羊毛布料和棉毛布料。英国国内饲养着大量的绵羊，为生产羊毛布料提供了大量的原材料。英国本土种植的棉花很少，所以生产棉布所需的棉花大部分需要从美国进口。

英国的耕地面积也很少，并且大部分地区不适合种植庄稼，粮食生产根本不能满足整个国家的需求，所以英国人的粮食主要依靠进口。羊肉和烤牛肉是英国人最喜欢的食物，因此在英国的民谣中常常会听到这样的歌曲："古英格兰的烤牛肉多么鲜美啊！"

英国曾经占领过世界上很多国家和地区，并把它们发展成为自己的殖民地。当太阳在英国本土下山后，又会在它殖民地的上空升起，因此，英国人也称英国是"日不落帝国"。第二次世界大战后，由于英国的国力大大削弱，那些被英国统治的殖民地纷纷脱离了英国的统治，不过，很多由英国人制定的法律制度还是被沿用了下来。

第 **26** 章

紧靠英格兰的三个国家

你见过 28 个字母都用上的地名吗？这是我见过的最长的地名，它叫 "Llanfairpwllgwyngyllgogerychwyrndrobwll llantysiliogogogoch（兰韦尔普尔古因吉尔戈格里惠尔恩德罗布尔兰蒂西利奥戈戈戈赫）"。这是一个地名？简直就像我们随手按动电脑键盘时敲打出来的字母一样，不过这真是一个地名，它是威尔士一个小镇的名字，它的意思也非常奇怪：茫茫雾霭之中的圣玛丽教堂啊，你的身边流淌着一个飞速旋转的旋涡；庄严神圣的圣泰西里奥教堂啊，你的邻居是一个红色山洞。试着读读这个名字，把它写下来真是太麻烦了，所以人们直接用它的简称——兰韦尔普尔古因吉尔。不过就是这个简称也够长、够麻烦的了。看了上面的例子，你就知道威尔士语有多难懂了吧！

威尔士和英格兰都在一个岛上，以前它们是独立的小国家，后来威尔士被英格兰国王征服，成了英国领土的一部分。当时，英格兰国王为了获得

长长的镇名。

115

威尔士人的信任，让他们臣服于自己的统治，就想到了一个办法。他告诉威尔士人，他会让苏格兰永远成为英格兰最亲密无间的邻居，他会找一个出生于威尔士且根本就不会说英语的人来当威尔士国王。威尔士人听了非常开心，他们以为威尔士的国王肯定是由威尔士人来担任。事实上，这是聪明的英格兰国王和威尔士人耍的一个小手段。那时候，英格兰国王刚刚在威尔士生了一个儿子，这孩子还只是一个婴儿，根本就不会说话，自然也不会说英语，恰巧符合成为威尔士国王的条件。就这样，英格兰国王的儿子就顺理成章地成了威尔士国王，也就是"威尔士亲王"。从此以后，英格兰国王的第一个儿子都会获得爵位，成为"威尔士亲王"。现在在威尔士地区，几乎没有人会说自己的"母语"——威尔士语，在他们的学校，每一个孩子学的和说的都是英语。如果去威尔士地区旅游的话，就算你一点都不懂威尔士语也没有关系，因为这一地区通用的语言是英语。

苏格兰紧靠着英格兰，是英格兰的第二个邻国。苏格兰和英格兰一样，位于大不列颠岛上。在很久以前，苏格兰人也拥有自己的国王，因为那时苏格兰还是一个独立的国家。苏格兰人的衣服也非常有特色，一般情况下，肩上搭着方形披肩，下身不穿马裤，而是短裙，腿上套着短袜，袜沿向下卷。苏格兰人耐寒能力很强，即使是在最寒冷的冬天，他们的膝盖也都露在外面。"宗族"是每个苏格兰家族的共同称呼，你可以通过他们的披肩和短裙上面的格子图案，来确定一群苏格兰人是不是同一宗族的人。虽然英格兰的语言与英语有很大的差异，不过有些单词还是相同的。比如说，所有的婴儿都叫 baby，所有的男孩子都叫 boy，女孩子都叫 girl，漂亮的女孩一般就叫 beautiful girl。

风笛是苏格兰特有的一种乐器，与其他国家的乐器相比，它的确与众不同。先用猪皮做一个袋子，再插一根吹气用的管子，然后装上几个小喇叭，苏格兰风笛就做成了。演奏时，要先把袋子夹在腋下，同时对着管子吹气，再用手臂使劲挤压袋子，袋子里面的空气就会跑出来，吹响上面的喇叭。这种风笛的声音非常奇特，就像杀猪时听到的猪叫声一样。

格拉斯哥是苏格兰的第二大城市，它坐落在克莱德河西岸，是全世界著名的大型船只制造基地。

苏格兰大部分人都信奉长老会，就像英格兰人大都信奉圣公会教一样。

苏格兰风笛

爱尔兰是英格兰的第三个邻居。每年，爱尔兰人都会种植大量的土豆，因为他们非常喜欢吃土豆。从地图上可以发现，爱尔兰的轮廓很像一个土豆。很久以前，爱尔兰地区并没有土豆，因为土豆原产于南美洲。在哥伦布发现美洲大陆以后，土豆才从南美洲传到美洲大陆，然后再传到爱尔兰地区。从那以后，爱尔兰人才开始大量种植土豆。

爱尔兰岛由两部分组成：北边较小的一部分与英格兰、苏格兰和威尔士共同组成了一个大不列颠及北爱尔兰联合王国，也就是我们刚刚说的英国。换句话说，北爱尔兰、英格兰、苏格兰以及威尔士都在英国的管辖范围。爱尔兰岛南部较大的部分是另一个独立的国家——爱尔兰。

讲故事是爱尔兰人的一个特长。在爱尔兰流传着这样一个故事：从前，爱尔兰的北部地区有一个巨人，他在通往英格兰的道路上建了一座有魔力的大桥。爱尔兰人为了证明这个故事是真的，总是这样说："瞧瞧，几千根石柱就那儿立着呢，从岸边一直绵延到海中，

真的好像是打桩机打出的柱子。以前可是没有打桩机的，那都是巨人完成的工程啊！"爱尔兰人给这些石柱取了一个很好听的名字——巨人堤，也就是"巨人的大桥"的意思。

你是否养成了这样的习惯：在口袋里放一块手帕？你的手帕是尼龙的还是棉质的？如果你要出席重要场合，你使用的那一块手帕很可能就是爱尔兰生产的尼龙手帕。生产尼龙的原材料主要是亚麻的纤维，亚麻布比棉布更结实耐用，摸起来也更加柔软，价格相对也要高一些。北爱尔兰的首府是贝尔法斯特，那里非常适合亚麻的生长，全世界质量最好的尼龙几乎都是在那里生产的

据说，最早的北爱尔兰人是从苏格兰迁移到北爱尔兰岛的，他们和苏格兰人一样，大多数是虔诚的长老会教徒。

巨人堤位于大西洋海岸爱尔兰的北部，由石柱群组成。绵延了数千米的石柱群像一条绵延到远方的路，所以又叫做"巨人之路"。"巨人之路"不是什么巨人开辟的，而是火山喷发的结果。

紧靠英格兰的三个国家

爱尔兰岛南部原来也在英国的统治范围之内。但是那里的人不愿听从英国国王的安排，就成立了自己的国家——爱尔兰。都柏林是爱尔兰的首都，那里人的英语发音要比英格兰人更纯正。另外，爱尔兰人还说爱尔兰语。爱尔兰语在这个地区已经使用了很长时间，在英语还没有产生的时候，爱尔兰语就已经流行了。现在，在爱尔兰的硬币和邮票上都可以看到爱尔兰语。

爱尔兰和美国一样，是一个总统共和制的国家，他们也有自己的总统。

在都柏林的北面，有两个名字很奇怪的城市，一个叫科克，另一个叫基尔肯尼。

在科克附近有一座废弃的城堡——布拉尼城堡，在这座城堡的墙上有一块神奇的石头，据说只要吻一下这块石头，你就会变成能言善辩的人。这块石头也被称为"巧言石"。在爱尔兰，如果当地人对你："啊，你肯定是去布拉尼城堡亲吻巧言石了吧？"那是当地人在夸你很会说话呢。

爱尔兰雨水充沛，植物生长得非常茂盛，整个国家看起来绿意盎然，就像是一颗非常漂亮的绿宝石，所以整个爱尔兰又有着"宝石岛"的美誉。**爱尔兰的国旗上有三种颜色，分别是：绿色、白色和橙色。爱尔兰人也十分钟爱天蓝色，天蓝色是三叶草的颜色，爱尔兰地区生长着大量的三叶草，三叶草是爱尔兰的国花。**

圣帕特里克被称为爱尔兰的守护神。据说他为了保护爱尔兰人，把满身邪恶的毒蛇驱逐出去了。在英国的国旗上，有三个十字组成了一个米字，这三个十字分别代表了三个守护神，他们分别是英格兰的圣乔治、苏格兰的圣安德鲁和爱尔兰的圣帕特里克。

第 **27** 章
法兰西（上）

　　有一个脑筋急转弯：从前，有一个小孩他从没有上过学，也从没有人教过他法语，但是他的法语却讲得非常流利。想一想，这是什么原因呢？其实答案很简单，这个孩子本来就是法国人啊。在历史上，曾经有很长一段时间，许多国家的人都在说法语，包括英国的王公贵族，还有那些受过高等教育的人，他们在日常生活中说法语，只是面对自己的仆人时才说英语，因为那时很多人认为说法语是身份高贵的象征。

　　法国离英国很近，它们中间隔着大海，海上还没有桥。**那条阻隔了这两个国家的海峡叫英吉利海峡，其实我们也可以叫它"法兰西海峡"。因为这个海峡处于中间地带，既不完全属于英国，也不完全属于法国。**这条海峡吸引了世界各地的游泳爱好者，他们都想游过这条海峡，但大多数人都失败了。

　　如果你是一个有着丰富航海经验的英国人，想穿过英吉利海峡去法国，你肯定会选择从多佛尔出发，然后到达法国的加来，因为这才是最近的路线。可是这条航线上的风浪很大，非常颠簸，多数人会因受不了颠簸而晕船，原本短暂的行程却因为身体的不适而感到无比漫长。所以，许多船放弃了这条航线，选择在法国的其他地方上岸。勒阿弗尔就是一个不错的选择，它位于塞纳河的河口处。那个时候，人们就想：如果能在海底开凿一条隧道，用其他交通工具出行就好了。现在，他们终于实现了梦想，在英吉利海峡，英法两国已经开通了海底隧道，两国人民的出行更加方便了。

在法国，随处都飘扬着法国国旗。**它和美国国旗一样，有红、白、蓝三种颜色，不过，法国国旗比美国国旗简单多了，仅仅是从左到右排列着蓝、白、红三种颜色的竖条。**法国的街道路牌和建筑标志都用自己的文字，也就是法文书写，这里的人说的是法语，甚至用的钱也有专门的名字——法郎。

有没有人这样评价过你："跟你爸爸长得真像"或者"太像你妈妈了"？可是肯定没有人反过来对你爸爸或妈妈说他们长得很像你。巴黎是法国的首都，位于塞纳河的上游，是法国最大的城市。很多人都认为巴黎是世界上最美丽的城市，一看到别的漂亮城市，人们就会说它像巴黎，可从来没人会说巴黎跟其他城市很像。

我已经讲过了，伦敦的附近有一条河，叫泰晤士河，这条河可供大型船只通行。塞纳河就不一样了，它的河道很窄，蜿蜒曲折，河水又浅，只能容许小船行驶，所以到巴黎的船大多是小船。

塞纳河的一个河中小岛上有一座著名的大教堂，那是为了纪念圣母玛丽亚而建造的，所以就为它取名"巴黎圣母院"。巴黎圣母院有几百年的历史，它的主要原料是石头和彩色玻璃，它的正前方有两座塔楼，中间是一座很长的尖塔，像手指一样指向天空。教堂内有很多长长的石柱，承受着屋顶的重量，不然的话，整个屋顶就会塌下来，人们把这些石柱称为扶壁。在屋顶的边缘，蹲伏着许多石头雕刻的动物，它们奇形怪状，看上去和普通的动物很不一样，乍一看还会让人害怕，因为它们有的像鸟类，有的像野兽，还有的像魔鬼。这些石头雕刻的动物也是有名字的，叫做"怪兽雕像"。据说，人们把动物做得这么恐怖，是为了让那些邪恶的灵魂望而却步，不敢到教堂里来。

巴黎的另一座教堂也很有名，是为了纪念另一个马利亚——一个《圣经》中的人物而建造的，它就是玛德莲教堂。玛德莲教堂比

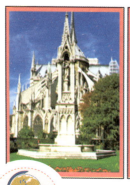

　　巴黎是法国的首都和最大的城市，也是法国的政治文化中心。从古至今，世界各地的年轻人都想在这里实现梦想，正如利尔克曾说的："巴黎是一座无与伦比的城市。"上图最左边的建筑是巴黎圣母院，它是巴黎的标志性建筑。最右边的是埃菲尔铁塔。中间的分别是断臂的维纳斯和无头的天使。

巴黎圣母院"年轻"多了，不过它的建筑风格却比巴黎圣母院还要古老，跟耶稣诞生前的寺庙很相似。玛德莲教堂有跟巴黎圣母院一样的石柱，可是没有窗，没有塔楼，没有扶壁，也没有尖塔，甚至连圆顶也没有。

　　法国曾是盛极一时的君主制国家，也有过国王、王后，还有王子和公主，塞纳河畔就保留了很多王室曾经住过的宫殿。不过，现在的法国和美国一样实行共和制，总统是国家的最高领导人，那些曾经的宫殿就成了今天的博物馆、艺术馆，有的还成了图书馆。其中，数卢浮宫最为著名，它收藏着来自世界各地的名画和雕塑。

　　我们在拍照时总是力图把照片拍得逼真一点，再逼真一点，可

法兰西（上）

是即使拍得跟真人一样，也不会值多少钱。画可就不一样了，即使画中的人物是普通人，也不逼真，仍有可能价值连城。卢浮宫里就有一幅价值连城的油画，画的是一个正在微笑的妇人，名字叫《蒙娜丽莎》。这幅画曾经在卢浮宫被小偷偷走了。不过，那也真是个笨小偷，他偷画的时候肯定没考虑周全：这幅画那么有名，全世界的人都认得，他怎么敢把画卖掉呢？经过很长一段时间的寻觅，人们终于找到了这幅画，原来它被送到了另外一个国家，人们把这幅画又送回了卢浮宫。

在耶稣还没有出生的时候，人们认为在世界上有很多很多的神，并为这些神雕刻了许多神像，当然这都是根据想象中的样子雕刻的。卢浮宫就有两座那个时期的神像，它们都很有名：一座是维纳斯，它是神话中的爱神，已经有两千多年的历史了。这座雕像是人们在希腊的米洛斯岛上发现的，于是又被称做《米洛斯的维纳斯》。另一座雕像是带着翅膀的天使，也是在耶稣诞生前雕刻完成的。维纳斯的雕像缺少手臂，天使的雕像缺少头，但两座雕像都弥足珍贵。

法国的"国会大厦"没有圆顶，这跟美国国会大厦不一样；它也没有塔楼，这是它跟英国议院不一样的地方。不过，巴黎有这样一栋建筑，它的圆顶跟美国国会大厦以及伦敦圣保罗教堂都很相似。但是，它既不是教堂，也不是本国的国会大厦，而是法国两位名人的墓地。其中有一位是拿破仑，他是与美国的乔治·华盛顿生活在同一历史时期的名人。拿破仑曾经是法国的国王，他死了以后，遗骨被安放在圆顶下，用一个巨大的大理石箱子装着。另一位是福煦将军，第一次世界大战期间，他曾经担任法军的总参谋长。

埃菲尔铁塔是全世界最高的铁塔，位于巴黎塞纳河畔，差不多有 300 米高，由四条铁腿支撑着，从远处看，就像是一个钢铁巨人。对，这就是埃菲尔铁塔给人们的印象。

第28章

法西兰（下）

　　巴黎有一条世界上最漂亮的街道，街道两旁长着郁郁葱葱的树木，它们沿着日落的方向一直延伸下去，景色异常迷人。人们都说，天堂中的街道也无非如此，于是，它又有了一个非常美丽的名字——"香榭丽舍大道"，意思是"天堂之地"。

　　巴黎的街头有许多漂亮的广场，其中以协和广场最出名。在广场中间，矗立着一座用整块石头做成的纪念碑，叫做"克娄巴特拉方尖碑"。协和广场在香榭丽舍大道的一端，而另一端则是一扇巨大的拱门，看起来非常雄伟，这就是著名的"凯旋门"。单看名字我们就知道，它蕴含着"胜利之门"的意思。

　　凯旋门是不允许任何交通工具从它下面通过的，因为那里安葬着许多牺牲的、法国籍的无名战士。凯旋门下不分昼夜地燃烧着一团蓝色的火焰，这是为了纪念在第一次世界大战中死去的法国士兵。

　　一切漂亮的东西都可以成为法国人喜欢的

凯旋门

法兰西（下）

对象，包括图画、雕塑、建筑，等等。法国人在艺术这方面有着很高的造诣。巴黎是很多美国年轻人的向往之地，他们大多都是到法国去学习艺术，有的成了著名的画家，还有的成了著名的雕塑家和建筑家。

法国人爱美的习惯可以延伸到生活中的方方面面，比如说他们喜欢漂亮的帽子、衣服、食物，等等。让人感到奇怪的是，法国最知名的时装设计师是男的，最著名的厨师也是男的。美国的时装设计师要想学到更时尚的设计理念，往往会去巴黎；在美国的许多高级酒店里，往往也有法国大厨。去过美国的人可能会发现一点，在一些酒店里，许多菜单都是用法语写的。美国的厨师在学会了法国顶级厨师烹饪技术的同时，还把法国菜的名字照搬了过去。你只要给法国厨师一些普通的面包和骨头，就可以品尝到用这些原料做出的美味可口的汤。在美国，"汤"是一种统称，但是法国人则把汤区分得更加细致，比如"浓汤""肉汤"。这样一来，光听名字就让人垂涎欲滴了。

在房间内安安静静地吃饭是一种好习惯，许多人都不喜欢被别人打扰。然而在法国，情况却恰恰相反，法国人总是喜欢在户外吃饭，尤其是在街道旁边或者干脆就在能够看见街道的地方。吃饭的人能够看见路上的行人，行人也可以看见吃饭的人。因此，大部分法国著名的餐厅都坐落在繁华的闹市区。

喝酒也是法国人的爱好，就像我们平时吃饭、喝茶或者喝咖啡一样。在法国，有很多的葡萄庄园，里面种着大量的葡萄，葡萄是酿造葡萄酒的主要原料。

苏格兰流行尼龙做的布料，英国流行棉花或羊毛做的布料，在法国，最流行的是丝绸布料。这同样和法国人的爱美心理有着分不开的关系。尼龙和棉花都来自植物，羊毛是从绵羊身上剪下来的，那么，你知道丝绸是从哪里来的吗？说到丝绸，就必须要提到一种

叫做蚕的小虫子。在大自然中，我们看到的那些美丽的飞蛾和蝴蝶，很多都是由蚕蛹蜕变而成的。通常，农民伯伯会用农药杀死吃树叶和菜叶的害虫，但蚕跟它们不一样，它是人们专门喂养的。养蚕需要一种专门的树叶，那就是桑叶，这和我们养鸡时需要的专门饲料是一样的。在法国著名的罗纳河山谷，人们就种植了许多桑树，这些树上的叶子就是蚕宝宝的食物。

蚕宝宝吃了很多很多桑叶后，身子会长得胖胖的，这个时候它们差不多就要开始吐丝了，一只蚕吐的丝能有 400 米长。蚕宝宝用自己吐出的丝把身体牢牢地包裹起来，就像蜘蛛织网一样，直到把身体包裹成密封的椭圆形，这种圆球状的东西就是我们通常所说的"茧"。这样一来，蚕宝宝就变成了蚕蛹。变成蚕蛹后，它就要睡大觉了，等到它醒来的时候，你肯定会更吃惊，因为它已经变成美丽的蝴蝶或者飞蛾了。可是，为了得到丝绸，人们是不会让蚕蛹变成蝴蝶的，他们把正在熟睡的蚕蛹放在煮沸的水中，直到硬茧变软，然后从茧里抽出丝来，再经过加工，丝就变成丝绸了，丝绸可以用来做衣服、袜子、缎带等女性喜欢的东西。位于塞纳河畔的里昂就是欧洲最有名的丝绸产地之一。

罗纳河是一条向南流的河，河水在里昂湾注入地中海。在里昂湾附近最有名的城市是马赛，它是法国第二大城市，仅次于巴黎，可是它的历史比巴黎还要悠久。马赛港一直以来都是法国最大的港口，供来往的船只停靠。

除丝绸以外，香水也是女性很喜欢的一种东西。法国的香水在全世界都很有名。法国人采集漂亮的鲜花、带有甜味的小草，甚至路边的野草，他们把这些东西混合在一起，采用独特的技术，就能制作出怡人的香水。法国的香水都价值不菲，差不多一滴就是一美元，因为一大片花田采摘来的花也仅够生产几瓶香水。

法国人除种植桑树、葡萄和鲜花以外，还种其他作物，所以法

法兰西（下）

国人中以农民居多。他们通常白天在农场劳作，晚上回家休息，家和农场之间往往有一段距离。他们每天过得很朴实，也很有规律。

从 5 岁起，我就拥有自己的存钱罐了，等到我 12 岁时，差不多已经有 100 美元的积蓄了。那个时候的我，捧着满满的一罐硬币，兴奋得好像自己是百万富翁一样。法国人是一个喜欢存钱的民族，即使他们只能赚很少的钱，也会从中拿出一些存下来，所以即使是穷人，也会有一定的积蓄，他们通常把这些钱留到退休以后再用。

法国的姑娘们也很会存钱，她们把钱存起来用于结婚时购买家具、房子和其他东西，这很像我们经常说的"嫁妆"。在法国，有的父母会为女儿准备丰厚的嫁妆，而有的女孩子只能用自己的钱来添置。有些女孩子的嫁妆很少，可能仅仅是几千美元的东西，而有的女孩子的嫁妆却很多，可以超过几万美元。但无论多少，女孩子都不会两手空空地出嫁。这是法国的古老风俗，女孩子出嫁时要带着嫁妆，结婚后才能过上幸福的生活！

第 *29* 章

比利时和荷兰

　　大钟和战场怎样才能联系到一起呢？也许你觉得它们永远都不可能联系到一起，因为它们本来就是风马牛不相及的东西。但是，在法国的北部有一个叫比利时的国家，那里曾经就是一个著名的战场，而且那里还有不少钟楼，钟楼里有很多大钟。看，它们不就联系在一起了吗？

比利时的钟楼。

　　在比利时的街上，随处都可以看到各种各样的大钟，它们不仅可以报时，还能演奏美妙的音乐。每逢星期天或者节假日，不管你是在比利时的街头，还是在自己的家中，都能听到大钟发出的动人旋律。通常，当音乐响起的时候，比利时城内禁止发出任何嘈杂的声音：不准司机按喇叭，不准街上的行人大声喧哗。人们也放下了手上正在干的活，尽情地享受这美妙的音乐。

　　这样，比利时和大钟就

紧紧地连在一起了，那它和战场又有什么关系呢？在历史上，比利时一直都是欧洲各国的主战场。第一次世界大战时，法国和德国就在比利时打仗，当时很多建筑在战火中都化为灰烬，损失极为惨重。在所有的战场中，有一个地方在全世界都享有很高的"知名度"——就算我不提它，你周围的人也会提到它——这个地方就是滑铁卢。**一百多年前，法国著名的拿破仑将军曾经在比利时的滑铁卢遭遇了一生中最大的失败，从那以后，他再也没有取得过胜利。后来，人们经常用"滑铁卢"这个词形容"一败涂地"。如果战争和比赛以惨败告终的话，就会被说成"遭遇滑铁卢"。**我们可以说某位网球高手在赛场上"遭遇了滑铁卢"，也可以说某支足球队在某次比赛中"遭遇了滑铁卢"。总之，它表示的意思就是在比赛中以意想不到的失败告终。

比利时的首都是布鲁塞尔。布鲁塞尔的手工花边、地毯和汤菜举世闻名。

比利时还有一座城市也是以"布鲁"开头的，那就是布鲁日。

布鲁日城内河网密布，为此人们建造了各种各样的桥。出行时，人们多选择船作为交通工具。比利时和法国接壤的地方多山地，而与荷兰接壤的地方多平原。荷兰是世界上海拔最低的国家之一，大部分领土都在海平面以下。为了预防洪涝灾害，荷兰人建造了很多堤坝，并且在每个堤坝上都建有大型风车，这些风车不仅可以把低处的水排走，还可以给磨坊提供动力。风车是荷兰的标志，所以荷兰又被

荷兰的风车。

称为"风车王国"。

五十多年前，荷兰遭遇了一场特大水灾，北海的水把整个堤坝都冲垮了，导致很多房屋被淹，成千上万的人丧生。现在，这个地方已经没人住了，只有来来往往的船只和自由自在的鱼儿，这片被淹的地方也有了一个新的名字——南海。不过，荷兰人还是希望能在这里重新建造堤坝，把北海的水挡住，把南海的水排出去。也许很多年以后，这里的水会重回大海，那时南海不再存在，船只和鱼儿也不会再出现了。

美国的道路四通八达，街道随处可见，而在荷兰，交通则以船运为主，船只是载人和货物的重要交通工具。夏天，大大小小的船只在运河上自由航行。每逢冬季来临，这些运河上就会结上一层厚厚的冰。此时，滑冰不仅是一种娱乐活动，也是人们的一种交通方式，孩子们滑冰去上学，成年人滑冰去上班。想想这样的情景，你是不是觉得很有意思呢？

荷兰人主要靠狗来拉车，靠自行车来载东西，通常不会饲养太多的马。狗吃的东西比马少得多，而且不需要马圈之类的饲养场所；自行车也很方便，连个车库也不需要。经过人工驯养，狗完全能够像马一样拉车，把一箱箱的牛奶运输到指定的地方。不过万一在路

拉车的狗碰上了猫。

比利时和荷兰

上遇到猫，麻烦就大了，猫和狗是天生的敌人，一旦碰上总会大打一架。荷兰人饲养了大量的奶牛，他们的奶牛都是黑白相间的，叫做黑白花牛，这种奶牛的产奶量要比其他奶牛高很多。牛奶挤出来后，会被制成奶酪。荷兰生产的奶酪举世闻名，人们把奶酪做成一大块一大块的，然后再封存起来，这样可以保存很长时间。如果想在荷兰买到货真价实的奶酪，可以去专门卖奶酪的市场看看。

荷兰人的一大特点就是爱干净，他们会一遍又一遍地打扫房子，直到把里里外外擦得干干净净、一尘不染，有时候连自己家旁边的通道都要擦干净，城镇上的人也会把大街冲洗得干干净净。在荷兰，奶牛住的棚子不仅与主人住的房子连在一起，而且条件一点也不比主人的差，主人们会为牛棚上挂上窗帘，还设有专门的挂钩，挤牛奶时主人把奶牛尾巴挂在上面。荷兰是一个被海洋包围的国家，因此气候非常潮湿。荷兰人都喜欢穿木头做的鞋子，因为木鞋最能防潮，而且经久耐用。在乡村，男人们都穿着枕头套一样肥的裤子，女人们也喜欢穿宽松的短裤，再戴上白色的帽子。荷兰的地名也非常有意思，很多城市都含有一个"丹"字，阿姆斯特丹和鹿特丹就是其中两座最出名的城市。

阿姆斯特丹是荷兰最大的城市，素有"钻石之城"的美名，不过钻石并不是荷兰的特产，这里的钻石大多是从非洲的矿山中开采出来，再运过来的。刚开采出来的钻石看上去就像鹅卵石一样，一点都不像我们平常见到的钻石那么光彩照人。我们根本想不到这样的石头居然可以打磨成为名贵的东西。钻石是世界上最坚硬的东西，我们用钢铁工具或碎石机械都无法把它们弄碎，甚至无法在钻石上留下刮痕。于是人们就想出了一个办法：用钻石切割钻石。阿姆斯特丹的很多工厂就是用这种方法把原始的钻石切割、打磨成多面的、耀眼的钻石饰品。

第 *30* 章
空中楼阁

　　当我还是个孩子时，就已经是个不折不扣的"小财迷"了。我常常幻想长大后可以成为大富翁，住在漂亮的大房子里。房子里有阁楼，阁楼里有各种各样的健身器材；地窖里有小木屋，里面养着各种各样的宠物；客厅里有古董架，上面摆满奇珍异宝；最好还有个大大的餐厅，餐厅里有一个不停涌出苏打水的喷泉。每当我的白日梦做得如火如荼的时候，妈妈都会善意地嘲笑我又进入了"西班牙城堡"。我问她："西班牙城堡是什么样儿的？"

　　"那是个空中楼阁。"妈妈笑着回答说。

　　"那空中楼阁又是什么呢？"我又追问。

　　"那是你能想到的最最漂亮的房子。"她每次都这样回答。

　　后来，我从地理老师那里得知，世界

审图号　GS(2004)071 号

欧洲像一个老婆婆。

上还真有个叫西班牙的地方，而且那里还真有许许多多的城堡。

欧洲遍布着大大小小的国家，在地图上看起来就好像是一个大大的迷宫。**要是把欧洲地图按顺时针方向旋转 90°，你会发现，它就像一个矮小的老婆婆。**这个老婆婆有着大大的头，驼驼的背，还伸出了一条长长的腿，正要把一个足球模样的东西踢到海里去。老婆婆的头就是西班牙，头上像帽子一样的地方就是葡萄牙，比利牛斯山脉是她的衣领，法国在她的衣领下面，那条长长的脚就是意大利了。

从地图上看，西班牙像整个欧洲的头，事实上，在某个历史时期内，它的确充当着整个欧洲的"首领"。那时的西班牙，领土几乎扩展到了整个欧洲。在哥伦布发现新大陆以后，西班牙还当过整个世界的"首领"。当时，西班牙的殖民地空前辽阔，不仅拥有北美洲的大片土地，还拥有除巴西以外的整个南美洲，是当时世界上最强大的国家。但现在，西班牙的领土只剩下"老婆婆"头部的区域了。

从地图上看，西班牙和非洲像是在行"碰鼻礼"，就像两个互相喜欢的人见了面通常做的那样。那个充当西班牙"鼻子"的地方就是直布罗陀，它是英国的领土。如果你想坐船从地中海出去，而且恰巧走的又是直布罗陀的话，你就会发现，这个"大鼻子"周围矗立着高耸入云的岩壁。**直布罗陀和非洲之间隔着一条著名的海峡，它就是直布罗陀海峡。直布罗陀海峡全长 58 千米，最宽的地方有 43 千米，最窄的地方仅有 13 千米，水流十分湍急。**英国人在占领直布罗陀海峡期间，修筑了许多防御工事，你肯定想不到它们建在哪里，它们就建在海峡旁的石壁上。这些防御工事像我们的房子一样有门厅和房间，可是这些"房子"的窗口都装有射程极远的机枪，全天 24 小时都有士兵值班，严密地监视着海峡上的一举一动。如果发现有敌人靠近，英国士兵根本不需要走出这些"房子"，就能把敌人全部消灭掉。

很多个世纪以前，居住在地中海地区的人们一直以为面前的大海就是整个世界，他们根本想象不出大海那边是个什么样子。那时的直布罗陀海峡是海员们的禁区，在他们看来，穿过海峡进入大西洋是一件非常危险的事情。于是，他们就沿着海峡两边立起了许多像门柱一样的柱子，柱子上挂着"禁止穿越"的警示牌，时刻提醒船只不要到海峡那边去。那些柱子就是我们所说的"赫拉克勒斯柱"。那时的人们之所以害怕，是因为他们认为穿过了赫拉克勒斯柱，就会到达海洋的尽头，等待他们的肯定是无底深渊。哥伦布可不相信这种鬼话，他带上水手从西班牙出发了，他起航的地点就在赫拉克勒斯柱附近，就这样，他驾着船在海上一直航行，最终到达了美洲大陆。

在哥伦布航海前，西班牙的主要居民是摩尔人，他们是从非洲迁移来的。和欧洲其他国家的人有点不一样，摩尔人不信基督教，他们信奉的是穆罕默德，他们的神是阿拉。摩尔人精通建筑，他们修建了许多漂亮的宫殿，当然这些宫殿跟基督教的教堂也不一样，其中的一座离直布罗陀很近，就建在格拉纳达城的山上，里面住着摩尔人的王子，这就是有名的"阿尔罕布拉宫"。后来，西班牙的基督教徒认为摩尔人是异教徒，所以经常跟他们打仗，最终将摩尔人赶回了非洲。阿尔罕布拉宫则被西班牙的基督教徒占有了。当年，哥伦布将要出发去寻找新大陆的时候，西班牙女王接见了他，接见的地点就是阿尔罕布拉宫。那座宫殿至今还在格拉纳达城的山上，西班牙人一直努力保留着它原来的样子，供游客参观。宫殿墙壁不是用油漆或石灰粉刷的，而是用彩色的瓷砖拼贴而成的；那里的门道也不是我们经常见到的方形，而是不规则的马蹄状；宫殿庭院里的喷泉和浴池极为华丽，那可是以前摩尔公主洗浴的地方呢。

西班牙有个叫做塞维利亚的城市，那里有一座世界上很著名的大教堂。西班牙基督徒们把摩尔人赶出西班牙后，就建起了这座教堂。据说，哥伦布的骨灰就埋葬在这座教堂里。其实，那根本就不是哥伦布的骨灰，而是哥伦布儿子的，哥伦布的骨灰还在遥远的海地藏着呢。

过去，摩尔妇女在出门时都会戴上面纱，因为摩尔人是不容许妇女不戴面纱出现在公共场合的。西班牙妇女也会戴面纱，但是她们是把面纱当成装饰品，尤其是那些用蕾丝做成的面纱，戴起来漂亮极了。西班牙妇女还习惯在头上别一把梳子，这把梳子通常又大又长。夏天，她们披着丝绸披肩，拿着漂亮的扇子，还是大街上一道靓丽的风景呢。可是，塞维利亚的夏天太热了，人们尽量避免中午外出。在美国，通常只有小孩子才会在夏天睡午觉，可是在西班牙，连大人也要睡午觉。不仅如此，在西班牙，如今还有专门的机构指导人们该怎样科学地睡午觉呢。

第31章

斗牛场

　　小时候，有一次我翻越栅栏跳到田里玩耍。还没有等我站稳，就有一头愤怒的公牛向我冲来，吓得我撒腿就跑，三下两下就从栅栏上翻了过去。幸亏我跑得快，要不然肯定会被公牛顶趴下。自从那次遭遇之后，我就觉得公牛真是一种既让人讨厌又让人害怕的动物。可是在西班牙，每逢节假日，人们都喜欢成群结队地到斗牛场去，观看露天的斗牛比赛。

　　一般斗牛场的中间都铺着沙子，四周围着栅栏，栅栏外的观众席上设有一排排座位，供人们观看比赛。此外，场地的边上还留有一扇特殊的门。当健壮的公牛撞开那扇门冲进赛场时，场内的斗牛士立即挥动手中的红色斗篷，公牛认为自己受到了戏弄，马上愤怒起来，它低着头向斗牛士冲去，眼看牛角就要顶到斗牛士了，斗牛

愤怒的公牛。

士敏捷地往旁边一闪，但公牛转身的速度没有斗牛士快，所以只能眼睁睁地看着斗牛士躲开。斗牛士就这样一次次地挑衅着公牛，就像玩躲猫猫一样。在把公牛戏弄到一定程度以后，斗牛士会猛地抽出一把长剑，直接刺向公牛。你也许会觉得这很残忍，但是西班牙人可不这样想，他们还觉得我们的想法很奇怪。他们说，我们这样做不仅能吃到牛肉，还能在杀牛前给大家带来乐趣。何乐而不为呢？

跳舞的西班牙女孩。

斗牛士都是勇武的猛士，他们必须技术娴熟，可以在沙地上随意奔跑，轻松避开公牛，要不然他们早就成牛角下的牺牲品了。在美国，差不多所有城镇都有棒球场或者棒球馆，棒球可是美国人的全民运动。在西班牙，几乎每个城镇都建有斗牛场，因为这也是西班牙人的全民运动。这里的男孩们从很小的时候就开始玩斗牛游戏了，他们让一个人扮演公牛，另一个扮演斗牛士，玩得可开心了！

在世界上，每个国家都有自己喜欢的运动项目，西班牙的女孩儿也不例外，她们不像中国女孩那样喜欢跳绳，但她们特别喜欢跳舞。就算没有音乐，她们也会自己用手打着响板翩翩起舞，有时还一边跳舞一边唱歌（响板的样子与我们平时吃的大个儿的栗子差不多）。她们不会因为塞尔维亚大教堂是宗教圣地就不敢在那里跳。每逢宗教节日，就连唱诗班的男孩儿们也会拿起响板，在圣坛前载歌载舞。全世界，也只有西班牙人才敢在教堂中跳舞吧！

西班牙的房子是没有前后院的，旁边也没有院子，他们的房子的布局很像中国人的"四合院"，院子被一圈房屋围在中间，这种院子叫做"天井"。西班牙人通常在这样的院子里吃饭、聊天、会客。

坐在西班牙的火车上，透过车窗你会看到一种样子怪怪的树，那种树在美国可找不到，它们是塞子木。你是不是以为我们平时用的瓶塞会像桃子一样长在树上？那可不对。瓶塞都是用塞子木的树皮做成的。人们砍下大块大块的塞子木树皮，用它做成各种各样的塞子。那你是不是想问，塞子木的树皮被砍掉后，树会不会死啊？当然不会，过一段时间，塞子木又会长出新的树皮。不过，一般得等一二年，新的树皮才能完全长成。

塞子木的树龄很长，比人的寿命还要长。西班牙还有一种比塞子木更长寿的树，据说可以活上千年，那就是橄榄树。橄榄树的果实叫橄榄，它看起来很像还没有成熟的樱桃。很早很早以前，人们就已经把橄榄当食物吃了。橄榄的味道有些酸涩，直到今天，还有很多人不太喜欢橄榄的味道。橄榄可以榨成橄榄油，橄榄油是做凉拌沙拉的必备调料。西班牙人一般不吃黄油，他们都把橄榄油当做食用油。你用过卡斯提尔肥皂吗？那可是西班牙人用橄榄生产出来的，去污能力非常强。

在古代，比赛获胜者头上戴的花环都是用橄榄枝编成的。在那硝烟弥漫的战争年代，传递和平的信使也会随身携带一橄榄枝。久而久之，橄榄枝就成了和平的象征。在西班牙的某些地区，就算你坐一整天的火车，透过车窗看见的除了橄榄树还是橄榄树。有时你甚至会这么想：要这么多橄榄树有什么用啊？西班牙人可是把橄榄树的作用发挥到了极致，他们压根就离不开这种树，就像我们离不开赖以生存的食物一样。西班牙人不仅自己使用橄榄制品，还把大量的橄榄和橄榄油出口到了世界上的其他国家。

我们在前面提到过，人们看到漂亮的城市会不由自主地想起巴黎。西班牙的首都也是一座像巴黎一样漂亮的城市，它叫马德里，大致位于整个国家的中心地带。以前的马德里街道狭窄，房屋矮小，如今的马德里不仅街道宽广，而且绿树成荫，建筑宏伟。如果不是满大街的人都说西班牙语的话，你肯定认为自己是到了巴黎或者纽约。以前的西班牙人特别懒散，他们常挂嘴边的口头禅就是"明天吧，明天吧"，现在的西班牙人可不这样，他们总是当天的事情当天完成，绝不拖到第二天。在马德里，如果你说自己是美洲人，他们肯定会认为你说的是南美洲。在西班牙人的印象里，"美洲"和"南美洲"是一个概念。大多数西班牙人在南美洲赚了足够多的钱之后，就会回马德里安家落户，因为西班牙才是他们最后的归宿。

你有没有发现这么一种奇怪的现象？一母同胞的兄弟成家后若是住在同一个院子里，常常会因为一点小事而吵架，但等到两家人分开住了，关系反倒好了很多。葡萄牙和西班牙就很像这样一对兄弟。它们有着相似的语言，相似的生活方式和生活习惯，可是当两个国家尝试着联合起来的时候，一系列的问题就来了，所以它们后来还是各发展各的。

第 32 章
高山上的国家

欧洲海拔最低的国家是荷兰，在荷兰，大约三分之一的国土都比海平面低。

荷兰不仅海拔低，而且还平坦。整个荷兰都是一马平川，十分适合修建一个足球场。瑞士与荷兰正好相反，这里不仅没有平坦如砥的土地，还有欧洲最高的山峰，这就是举世闻名的阿尔卑斯山脉。

甜甜圈，你肯定见过。要是没有中间那个洞还能叫圈吗？一样的道理，有了山谷，才能衬托出周围连绵起伏的山峰。在这些山谷中，牛羊可以悠闲地吃草，它们脖子上的铃铛发出的叮当声，再加上雪水从山上流下的淙淙声，混成了一支美妙动听的交响乐曲。阿尔卑斯山脉的顶上一年四季都是白雪皑皑，山谷中却是常年绿意盎然，美不胜收，每年都会吸引许多来自世界各地的游客。

如果整个屋顶上的积雪全都落在你身上，会有什么后果呢？是不是被砸得生疼呢？如果不是屋顶，而是 1000 米长的山坡上的雪全部落下来，那是不是更危险呢？如果山顶上的积雪大面积地崩塌，就叫雪崩。瑞士是全世界雪崩发生频率最高的国家，最严重的时候可以把整个山谷中的房子和居民都埋了，甚至整个村庄都难逃噩运。

厚厚的积雪覆盖着这些又宽又长的山谷，当积雪变成冰后，整个山谷就成了一条冰河，我们把这样的山谷叫做冰川。

全世界大部分的河流都发源于高山。从天而降的雨水落到山上后会浸入到土壤和岩石中，然后再从地势较低的地方渗出来，形成

高山上的国家

一条一条的细流。无数的细流在山脚处汇合，就形成了河流。在瑞士，除了从天而降的雨水，冰川融水也是河流的主要来源。罗纳冰川是瑞士最大的冰川，你还记得我在前面提到过的那条罗纳河吗？罗纳河和罗纳冰川有着密切的联系哦。罗纳冰川的冰雪慢慢融化，然后形成涓涓细流向山谷流去，它们越流越宽，最后形成一条一条的小河，到达山谷之后，来自其他地方的小河也一并加入，最后汇成一条宽广的大河，这就是罗纳河。罗纳河又流进了一个更广阔的山谷，慢慢地形成了瑞士最大的湖泊——日内瓦湖。

罗纳河穿过日内瓦湖，从另一边向南流去，不久就流到法国的著名城市——里昂，这里可是法国著名的工业区，罗纳河的河水浇灌着这里的桑树，使养蚕农场和丝绸工厂正常运行。最终，罗纳河流入了地中海。

莱茵河是欧洲的另外一条大河，名字听起来和罗纳河有点像。莱茵河和罗纳河一样，河水的来源也是冰川融水，莱茵河流经法国和德国，再经过荷兰，最后流入北海。

登山是令很多人都很着迷的一项探险运动。尽管登山者需要攀爬崎岖的山路，面对各式各样的危险，但他们对这项运动仍乐此不疲。在整个阿尔卑斯山脉中，最高的一座是白山，它一部分在瑞士境内，一部分在法国境内。夏天一到，就有很多登山爱好者向白山山顶发起挑战，这股热潮会一直持续到秋天。为了不在冰雪上摔倒，登山爱好者们在登山时往往要借助棍子，棍子末端还会钉上钉子，鞋子下面也钉着钉子。有时候，他们还要请一位熟悉路线的导游带路，登山时所有人都用绳子连在一起，如果有一个人摔倒，其他人就可以把他拉起来。不管怎么说，登山总归是一项很危险的运动，每年夏天就会有人在这场登山运动中遇难，他们有的是在冰雪上滑倒后，滑下山坡摔死的，有的人则是在途中遭遇了突然而至的雪崩。

对众多登山爱好者来说，瑞士的马特峰最有挑战性。站在山脚下往

马特峰是阿尔卑斯山系中最著名的山脉之一，它的地理位置也很特殊，跨越瑞士和意大利的边境。这座山外形奇特，很像一只孤立的角，山形陡峭，是阿尔卑斯山峰中最难攀登的一座。

上看，这座山就像是一个巨大的三角锥。它是专门为勇者存在的，也只有经验丰富的勇士才能登上山顶。

登山运动虽然在瑞士很流行，但是游客们来瑞士可不仅仅是来登山，他们大部分人都是来欣赏瑞士优美的自然风光的。有生意头脑的瑞士人就在山峰、激流、瀑布和其他拥有漂亮景点的地方建造了许多酒店和宾馆。现在，瑞士人的主要工作就是管理好自己的酒店，据说这个国家光酒店就有几千家。除了发达的旅游业，瑞士还有很多令全世界的人都羡慕的东西：瑞士的牛奶巧克力；瑞士奶酪，就是中间有个大洞的那种；瑞士军刀、瑞士手表，现在世界各地的大商场里都有销售；瑞士的木刻也非常出名；还有一些你想都想不到的东西，比如布谷鸟自鸣钟、牛颈铃、音乐盒，等等。

瑞士是世界上有名的中立国，两次世界大战期间，整个欧洲都卷入了战争，瑞士却自始至终保持着中立。瑞士没有海军和陆军，瑞士也不需要军队来维护国家安全。瑞士不临海，海军自然无用武之地，而且瑞士的海拔很高，高大的山峰就是天然的屏障。

第37章

高山上的国家

　　瑞士人没有自己的通用语言。由于瑞士和法国、德国、意大利接壤，因此和哪个国家接近，那儿的瑞士人就说哪一国的语言。例如，生活在与意大利交界地区的瑞士人说意大利语，生活在与德国交界地区的瑞士人说德语，生活与法国交界地区的瑞士人就说法语。不过，在瑞士同时会说这三种语言的人比比皆是。

　　瑞士的四面都是高山，是不是去瑞士就一定要翻过这一座座的高山呢？不是，因为高山与高山之间有山谷，山谷的地势都很低，在瑞士最低的山谷仅有 1.6 千米。瑞士人把这些低矮的山谷称为"山口"，其中一个叫"辛普朗"的山口最出名，曾经拿破仑就率领着他的千军万马，从辛普利山口直接进入意大利。

　　圣哥达隧道是瑞士最长的隧道。挖掘这条隧道时非常艰难，工人们分成两批从山的两头同时挖，挖到中间时，就正好碰到一起了。听到这，你是不是感到很神奇啊？但是，这些施工的工人一点都不觉得神奇："这都是我们以前规划好的，如果不碰到一起才怪呢，我们可不像老鼠那样乱打洞！"

　　辛普朗山口下有一条在当时是全世界最长的隧道，长度为 19.8 千米，这条隧道连接了瑞士和意大利。虽然火车只需 16 分钟就能穿过这条隧道，但是如果你徒步翻越辛普朗山口，你知道会用多长时间吗？我曾经做过一次尝试，花了整整两天的时间。在这两天中，我就住在山口的一个救济院里，这里有很多传教士。瑞士人在这里建造这所救济院的目的其实很简单，就是为了让在旅途中奔波的人有一个休息的场所，万一遇上恶劣的天气，也可以在这里暂时躲避。

　　有了隧道，人们就没有必要再走山口了。但是在隧道建成以前，要想从意大利到瑞士，就必须要翻过辛普朗山口，必须日夜不停地赶路。海拔较高的山口地区，常年暴风雪不断，旅行者很容易迷路，有的甚至会被活活冻死。自从有了这个救济院，那些遇上暴风雪的过路人也有了一个可以躲避的地方。在那里，路人可以喝上热水，吃上热

圣伯纳德犬

的食物。除教士外,这所救济院还养着很多狗。这种狗叫圣伯纳德犬,它体形高大,身体非常结实,而且还很聪明。教士们专门在救济院旁为这些狗搭建了一些小屋,并对它们进行救生训练。只要暴风雪来临,圣伯纳德犬就会从救济院里出发,在风雪之中给迷路的人们引路或者搜寻埋在雪里的人。圣伯纳德犬是怎么搜寻到埋在雪下的人呢?别忘了,它们的嗅觉非常发达,能够闻到深埋在雪下的人的气味。它们把这些人刨出来,再拖到一个相对安全的地方。每只圣伯纳德犬的脖子上都系有一个装面包和烧酒的小桶,它们会一直守在那些幸存者旁边,用热乎乎的舌头不停地去舔他们的脸,直到他们苏醒过来。一旦遇难者苏醒过来,圣伯纳德犬带着的面包和烧酒就派上大用场了,他们就是靠这些食物维持体力,等待救援人员的到来。在辛普拉山口的救济院中,几乎每个人都知道一条叫巴里的圣伯纳德犬,它一共救出了40名被埋在雪下的行人,但是,在救第41人时,却被误认为是狼而遭到了枪杀。后来,为了纪念它,人们把巴里做成了标本,放在瑞士国家历史博物馆里。

在瑞士,还广泛流传着威廉·泰尔的故事。据说卢塞恩湖边的小教堂就是当年威廉·泰尔用箭把儿子头顶上的苹果射下来的地方。还有一点你可能不知道,卢塞恩湖被誉为"光明之湖",是瑞士众多湖泊中最漂亮的一个。

第 33 章

像"靴子"的国家

你有没有听过这样一种有趣的说法:从前,有一个老妇人,她带着孩子住在鞋子里,等孩子长大了,鞋子就住不下了,她没办法只能喊"头疼啊,头疼啊"。欧洲还真有一个像"靴子"的国家,它里面住了许许多多的大人和小孩,这就是意大利。不过,现在这只"靴子"已经装不下那么多人了,所以就有很多人从意大利跑到了美洲。第一个从意大利跑到美洲的人你知道是谁吗?他就是哥伦布。说到这你可能觉得奇怪了,哥伦布出发的时候明明是西班牙女王为他送行的啊,为什么说他是从意大利去了美洲呢?其实,哥伦布是在意大利出生的,他的家就在靴子顶部一个叫热那亚的城市。至今热那亚还保留着他的故居,并专门为他修建了雕像。现在,许多船只从热那亚出发也能航行到美洲大陆。与哥伦布时代不同的是,如今的船员在出发前对航线早了然于胸,当初哥伦布可是全靠自己摸索。

"靴子"顶部还有一个城市也很著名,它不是建在水边,而是整个儿都在水里。准确地说,这座城市的建筑都"挤"在一个个很小很小的岛上,房子与房子之间的水域就是城市的"街道",在这些"街道"上还建有很多大桥。这就是著名的"水城"——威尼斯。除了房子与房子之间的"街道",运河也是"街道",其中最宽的一条运河叫"大运河"。这里的人出行都是靠坐船,不像我们可以乘汽车或者马车。威尼斯人的船大多是黑色的,中间有个小小的船舱,像封闭起来的小汽车。最让人感到奇怪的是,他们的船头都有一个看上去像梳子一样的东西，这种船就是凤尾船，它可是意大利人"专利"呢。船夫通常站在船舱的后面，只用一支桨就可以稳稳当当地撑着船航行。这里的"街道"上可没有红绿灯，遇到十字路口时，船夫们会"嗬"地喊上一声，那声音听起来别说有多嘹亮了。如果赶上其他方向也有船只驶来，那些船夫也会"嗬"地应一声，这样就避免了船在十字路口处撞上。船没有汽车喇叭的嘀嘀声，也没有车轮摩擦地面的声响，反正车子有的噪音它都没有，所以威尼斯的"街道"才会如此安静。

很久以前，"靴子"的顶部只有许许多多独立的小岛，没有威尼斯这座城市。有一天，一个叫维尼西亚的民族，由于受不了北方蛮夷部落的骚扰，就迁到这些小岛上居住。他们采集坚硬耐腐蚀的雪松木，把这些木头固定在水中做成柱子，然后再依托这些柱子建造房屋。维尼西亚人以鱼为主食，只要他们把鱼竿支在门外，肯定就能钓到鱼，更不用说撒下渔网了。这么多鱼，他们吃不完怎么办呢？聪明的维尼西亚人就想出了一个办法，他们先把海水晒干制成盐，然后把鱼的肚子剖开，去掉内脏，抹上盐，这样，鱼就可以存放很长时间了。

维尼西亚人长期居住在水上，他们个个都是天生的水手，在地中海的每个角落都能看见他们的身影。他们用捕到的鱼和晒好的盐去换钱，然后去买丝绸做的长袍、羊毛做的毛毯。欧洲其他地方的人也看上了这些好东西，他们便一个个跑到威尼斯去买，于是威尼斯慢慢就变成了欧洲最大的市场和购物者的天堂。威尼斯这座城市形成以后，维尼西亚人也就成了威尼斯人。随着财富的日益增加，他们在运河边上建起了许多金碧辉煌的宫殿。**威尼斯人信奉一位名叫圣马可的圣人，他们认为是圣马可给整个威尼斯带来了好运，所以就建了一座宏伟的大教堂来纪念他，这座教堂就是著名的圣马可大教堂。**教堂内还专门设有一个圣坛，圣坛下埋着圣马可的遗骨，那是人们千

像"靴子"的国家

方百计才找到的。圣马可教堂跟我们在前面提到的教堂都不一样，它居然有五个圆顶，中间的一个较大，周围还有四个小的。远远看上去这些圆顶像一个个可爱的洋葱头。

仔细回想一下我们平时见到的画，你会发现它们大多是用颜料绘成的，可是你见过不用颜料画的画吗？圣马可教堂就有这样的画，而且有差不多上万幅。它们都不是用颜料画成的，而是用一些彩色的石头、黄灿灿的金子和彩色的玻璃慢慢装砌成的。这样的画被称为马赛克，它们永远都不会褪色，更不会从墙上掉下来。

你养过宠物吗？小猫或者小狗？你听过有人把狮子当宠物吗？圣马可就是这样一个人。在圣马可教堂的圆柱上，有一尊长着翅膀的狮子雕像，传说这就是圣马可的宠物。除了狮子，圣马可教堂的门廊上还有四匹威风凛凛的青铜马，它们是耶稣在世时制作的，它们曾被统治者从一个地方搬到了另一个地方，最终还是回到了威尼斯。

圣马可教堂前的广场是威尼斯最大的空地，这里常常停着成群的鸽子，它们非常温顺，会乖乖地落在你的肩上或是手上，等着你拿出食物来喂它们。传说很久以前，有一只鸽子及时送来了作战情报，让整个威尼斯免遭敌人的偷袭。从那以后，鸽子就被威尼斯人保护了起来，那些伤害鸽子的人会被抓起来，严重的还会被施以刑罚。你听过这样一种说法吗？其实美洲大陆是由鸽子发现的。不错，在意大利语中，"哥伦布"就是"鸽子"的意思。这样说来，美洲大陆还真是"鸽子"发现的。

如今，威尼斯是意大利的一个城市，过去，它可是一个独立的小国家，有自己的货币，还有一个叫"总督"的统治者。"总督"相当于一个国家的总统，可以像国王一样住在宫殿里，还可以像法官一样去裁决那些干了坏事的人。那时的威尼斯，河的一边是总督的法院，另一边则是监狱，中间有一座桥把两个地方连接了起来。当做坏事的人被总督裁定要服刑时，就会被带到桥那边的监狱里。犯

希利尔讲世界地理
XILIERJIANGSHIJIEDILI

叹息桥

人们走在桥上免不了要唉声叹气，久而久之，这座桥就被称作"叹息桥"了。

在威尼斯，有一座叫"里亚尔托"的桥，桥的两旁店铺林立。如果说威尼斯是"欧洲的购物中心"的话，里亚尔托桥则可以称得上是这个购物中心里的百货商场了。你知道威廉·莎士比亚吗？他是一位著名的英国作家，他的名作《威尼斯商人》里的故事就发生在里亚尔托桥上。

最初，威尼斯人依靠鱼和盐这两种东西谋生，后来他们凭着这两种最普通的东西渐渐地富裕了起来。其实，还有一种东西也为威尼斯人带来了大量的财富，它同样很普通，那就是石英砂。石英砂看起来不值钱，但威尼斯人发现了它的一个重要用途——制作玻璃。早在公元 12 世纪，威尼斯就已经成为全世界最有名的玻璃制造中心，而制作工厂的大本营就在被称为"玻璃岛"的穆拉诺岛上。威尼斯人制作的玻璃工艺品非常漂亮，是人们家庭装饰的重要组成部分。威尼斯人还会用玻璃熔化后的粘稠状物吹出各种形状的工艺品，是不是听起来很不可思议呢？但是对于那些技艺纯熟的工匠来说，吹出一件精美的工艺品就像你吹肥皂泡一样简单。于是，玻璃吹制工匠就像我们推崇的画家和音乐家一样，成为威尼斯所特有的艺术家。知名的玻璃吹制工匠吹出来的玻璃工艺品就像名画家的作品一样，被人们争相购买，价格自然不菲。在威尼斯，玻璃吹制工匠有着很高的地位，历史上，有一位总督曾经就是玻璃吹制工匠出身。这些工匠的女儿有时候还能成为王妃呢。

现在，威尼斯作为意大利的一个城市，敞开大门欢迎世界各地的人去参观。人们在这里可以感受圣马可教堂的钟声，参观总督的宫殿，享受丽都海滩的日光浴，搭乘凤尾船去参观运河，还能在暖风吹拂的夜晚聆听美妙的歌声和琴声。威尼斯几乎是每个女孩梦想的蜜月城！

曾经有一个美国女孩从威尼斯寄给我一张明信片，她写道："我正在威尼斯度假，这里真比我想象的还要好！这儿有金碧辉煌的宫殿、绚丽无比的落日和美妙醉人的音乐，我正搭乘着一条凤尾船，徜徉在像绸带一样的运河上，这里的一切都令我陶醉。"

知道吗？威尼斯还有一个名叫"亚得里亚海的女王"。这是为什么呢？因为威尼斯与大海连接的地方还有一个亚得里亚海。威尼斯那么漂亮，被称为亚得里亚海的女王真是当之无愧。

威尼斯，这只躺在地中海里的"靴子"，真是一个让人产生无限遐想的地方，它居然可以靠鱼、盐和石英砂这些听起来很普通的东西让全世界人都记住了它！

第34章
天堂之顶和天堂之门

　　如果你仔细观察意大利地图的话，就会发现它被一条南北走向的山脉贯穿了，这条山脉看起来很像一只怪兽的脊背，这就是亚平宁山脉。要想从意大利的东部走到西部，就必须穿越这条山脉。人们在亚平宁山脉上开凿出了许多隧道。火车从威尼斯开到佛罗伦萨，要穿过亚平宁山脉的45个隧道呢！

佛罗伦萨大教堂的圆顶是一位名为布鲁内列斯基的著名建筑师设计的。因为这是历史上第一次将圆形用于屋顶的设计，所以布鲁内列斯基花了好几年时间苦心钻研。更神奇的是，他竟然没用设计图，全是在内心构思完成的。

　　佛罗伦萨在意大利语中的意思是"含苞待放"，听起来很像个女孩子的名字。当火车穿行在佛罗伦萨市区的时候，你可以从车上望见城市里的屋顶。这时，相信你肯定会对城市中央那个巨大的圆顶感到好奇，它看起来那么像一只火车的轮圈，紧挨着轮圈的是一个很高很大的方形塔楼，它在哥伦布出

★第34章★
天堂之顶和天堂之门

生前就已经在那儿了。乍一看，这个圆顶和圣保罗大教堂的圆顶很像，但它建造的时间比圣保罗教堂早多了，确切地说，圣保罗教堂的圆顶模仿了它。除了圣保罗教堂的圆顶外，世界上其他同类型的圆顶也都是照着它的样子建成的，当然，这里面还包括著名的美国国会大厦。

很久以前，人们总是习惯建造很小或者很平的圆顶，后来，佛罗伦萨人想为他们的教堂建一个与众不同的圆顶，使它看起来又大又漂亮。他们还想在圆顶建成后，让所有人都看不出来它是怎么建造出来的。一般来说，人们会选择石头作为建造圆顶的材料，圆顶下面是不能有支柱的，它必须是空空的，就像我们见到的拱门和拱桥下面是空的一样。由于水泥无法固定石块，所以通常人们建造圆顶时，会先把石块放在木架子上，等到所有的石块都被送到预先设定的位置后，再把木架子移走，这样一来，大大小小的石块你压我挤，就变得严丝合缝，再也掉不下来了。这种原理可以用我们经常见到的一个情景来解释。当放学铃声响起，所有的小朋友一起涌向校门的时候，如果全部挤在一起，肯定谁都出不去，而且这样做还很危险。

当时，佛罗伦萨大教堂的圆顶大得超过了所有人的预料，所以根本没人知道应该怎么建。用木结构吧，要把整片整片的森林都砍掉才能做成足够大的木架。这时，有人出了这么一个怪主意："咱们把硬币混在土里堆成一座山吧，等到土山堆到一定高度，就可以在上面建造圆顶了。圆顶完工后，告诉所有的人可以去取土里埋的钱了，这样一来，人们肯定很快就把土给挖走，剩下的也只有圆顶了！"这真是个古怪的主意，所以当时没人愿意去尝试！

最后，有两个喜欢对着干的艺术家宣称自己有建造圆顶的本领。他们一个叫"布鲁内列斯基"，咱们就简称他为"布先生"。另一个叫吉尔贝蒂，咱们就叫他为"吉先生"。两个人互相较劲儿已经成了习惯，所以谁也不愿意告诉对方自己建造圆顶的方法。一开始，布

先生是这个工程的总设计师，吉先生只能充当助手，这样一来，吉先生可就不乐意了，逢人便说布先生的坏话，说他根本就没有建造圆顶的本领，圆顶在他手里肯定无法完成。

刚开始听到谣言的时候，布先生没把吉先生的话放在心上，而是专心指导自己的工人开展工作，就在圆顶即将合拢，整个工程进入到最关键的时候，吉先生还在散布谣言，甚至当面取笑布先生。由于吉先生欺人太过甚，布先生终于生气了，他借口生病停下了整个工程。布先生闭门不出，整个工程就进行不下去了。这可更给吉先生提供了足够多的话柄，他告诉人们："布先生根本就没有生病，他是装的，就像学习成绩不好的小孩儿撒谎生病不想上学一样。其实啊，他是不知道该怎么往下干了。"于是，佛罗伦萨人纷纷来到布先生的家中，恳求他回去接着建造圆顶。

"我真的病了，"布先生告诉大家，"吉先生不是说只有他才能把圆顶建成吗？就让他把工程继续下去吧！"

人们又纷纷涌到吉先生的家中，请他帮忙把工程进行下去。吉先生很高兴地接受了大家的邀请，可是才接着往下建了一点点，他就再也进行不下去了。

急切的人们又跑到布先生的家中，再次恳求他出马。

"让我继续往下干也可以，但是吉先生必须要管住自己的嘴巴。"布先生提出了要求，众目睽睽之下，吉先生再也不敢议论布先生了。就这样，布先生又把工程接了回来，终于建成了世界上第一座圆形屋顶建筑。直到今天，人们还没有研究出布先生究竟是怎样把圆顶建成的。

吉贝尔蒂在建造圆顶的比赛中输得很惨，但这并不影响他成为一名杰出的雕塑家。在佛罗伦萨大教堂的正对面，有一栋矮矮的六面建筑，它就是佛罗伦萨洗礼堂。虽然建筑本身很矮小，但它却有着青铜做的门。吉贝尔蒂用《圣经》中的故事做原型，在门上雕刻

出许多人物和场景，而且个个栩栩
如生。其中最著名的一幅画，刻的
就是亚伯拉罕把儿子作为祭品献上
圣坛时的情景。

　　"这些门太美了，天堂中的门也
就这样吧！"佛罗伦萨的另一位艺术
家米开朗琪罗看到这些门时发出了
由衷的赞叹。米开朗琪罗和哥伦布
是同一时代的人，也出生在意大利。
哥伦布把自己的大部分时间都用在
了航海上，很少在意大利居住，而
米开朗琪罗却一辈子都住在意大利。
他创造了许许多多的艺术品，有素
描，也有油画，还有雕塑和建筑。
那个时代的艺术家可个个都是全才
呢，他们创造了许许多多的艺术品，
大到作为宗教圣殿的教堂，小到挂
在脖子上的装饰品项链，当然，最
多的还是油画和雕塑。

大卫出自于《圣经》，曾经
杀死了侵略犹太人的非利士巨人
歌利亚，是守护犹太人民的少年
英雄。这座雕像表现了大卫迎接
战斗时自信勇敢的状态。

　　一天，米开朗琪罗在路边捡到了一块大理石，显然是被别人丢
掉的，因为石头上有一条很明显的裂缝。米开朗琪罗端详了这块大
理石很长时间，越看越像青年大卫的身形，他就照着自己脑海中的
形象用凿子雕啊雕，刻啊刻，直到这座著名的大卫雕刻成形。后来，
人们根据他雕出的形象做了很多大卫雕像的仿制品，佛罗伦萨就有
两座很大的仿制品，它们比真人要高出很多倍呢！世界上几乎每个
国家都有大卫雕像的仿制品。如果你有兴趣的话，不妨在自己家里
也放一个。

比萨斜塔

通常，那些收藏了许多漂亮艺术品的宫殿都很富丽堂皇，可佛罗伦萨的宫殿却让人感觉像是监狱，那是因为这里修建宫殿就是为了防止外人进入。以前，这些宫殿里还住着许多富裕的家族，可他们之间根本无法和平共处，打架吵闹是家常便饭，每个人都忙着筑牢自己的宫殿以免受到邻居的"侵犯"，所以宫殿就被建得跟堡垒一样。

佛罗伦萨可不像威尼斯那样到处都是水，它只有一条叫阿诺河的运河，河上建了好几座桥，其中有一座桥叫"维奇奥"，当地人又叫它"古老的桥"。桥的两旁店铺林立，这一点和威尼斯的里亚尔托桥很像。这里的很多商店都出售装饰品和纪念品，这些东西大多是用银子、马赛克，以及龟壳做成的。以前，佛罗伦萨人为世人创造了许多伟大的艺术作品，现在，他们则把目光投向了这些小艺术品的制作，并通过成千上万的游客把这些小艺术品带到世界的每一个角落。

通常，我们见到的塔都是直立着的，可是，就在离佛罗伦萨不远一个叫做比萨的地方，矗立着一座倾斜着的塔。你有没有猜出这座塔的名字啊？不错，它就是比萨斜塔，一座世界上独一无二的塔。比萨斜塔刚刚建成的时候，也和我们通常见到的塔一样，是直立着的，可是后来由于塔基的塌陷，塔就开始向一边倾斜了，远远看去感觉马上就要倒了。比萨斜塔已经倾斜了几百年，并且还在倾斜，如果它一直这样倾斜下去的话，总有一天会真的倒下来的。

你知道海洋动物的骨骼最终会变成什么吗？我们在前面提到过的，会变成大理石。不同的大理石有着不一样的质地，有的很粗糙，里面的动物骨骼都能看得见，有的却很细密。比萨城附近有一种叫做"露天矿"的石头，可以加工成光滑细腻的大理石。这种大理石叫卡拉拉大理石，是根据它的产地命名的。这种大理石的开采历史可以追溯到耶稣时期。不仅在意大利，世界上的很多国家在需要优质大理石的时候，首先想到的就是卡拉拉的大理石。

第35章

逝去之城

　　两千多年前，无论你的出发点在哪里，只要一直往前走，最终都会来到一个叫罗马的城市，所以人们常说"条条大路通罗马"。那个时候的罗马，是世界上最大、最富裕，同时也是最漂亮、最重要的城市，被誉为全世界的首都。

　　那时，7是公认的吉祥数字，所以罗马城就被建在7座山上。有一条河流恰好从罗马城中流过，它就是台伯河。

　　今天，古罗马已经从世界上消失了，我们现在能找到的只有它的一些遗迹。但大家都说，古罗马是永恒的，它在人们心中永远不会消失。当古罗马衰败时，新罗马也在慢慢地成长。当然，新罗马仅仅是意大利的首都，现在，已经没有哪一座城市能成为全世界的首都了。

　　罗马是罗马天主教的中心，这里住着他们的首领，那就是"罗马教皇"。在意大利，"教皇"的意思是"父亲"。

　　这里还有世界上最大的教堂——圣彼得教堂。人们认为，圣彼得在十字架上被钉死以后，遗骨就埋在罗马城。据说，这位圣人殉道以后，埋葬他的地方每年都会举行一次纪念仪式。这个传统沿袭到今天已经有两千千多年了。一开始，人们只是在晚上偷偷地举行这个仪式，因为很多罗马人都不信甚至抵制基督教。而且，罗马有法律规定：不管你是谁，只要违反禁令举行了宗教仪式，都会被抓进监狱，甚至处以极刑。当然这是很久以前的事了，现在人们对基督

第75章

逝去之城

　　圣彼得大教堂是世界上最大的教堂，它的圆穹顶最为著名。这个圆穹顶很高，站在穹顶上可以俯瞰全罗马城。更难得可贵的是，它的设计出自当时年仅25岁的杰出艺术家米开朗琪罗。

教的态度已经发生了转变。

　　圣彼得教堂也有圆顶，它是根据佛罗伦萨布鲁内列斯基的圆顶建造的，但它比那一个圆顶大多了。这个教堂是由米开朗琪罗设计的，他不仅是建筑家，还是雕塑家和画家，是那个时代最伟大的艺术家之一。圣彼得教堂可不是一般的大，它的房顶上甚至还有一个小小的"村子"，"村子"里建着小小的房子，看管教堂的人都住在那里。

　　圣彼得教堂的前门一直开着，前门的右侧是一扇青铜门，它比较特殊，是圣彼得教堂的"圣门"，每二十五年才开一次。"圣门"被一堵坚固的石墙围着，每隔二十五年，石墙就会被推倒一次，"圣门"也就随之打开。圣彼得教堂简直太大了，在里面能同时举行三十场宗教仪式。为了跟高大的建筑相匹配，教堂里面的很多东西也都建得很大很大。这里，有像巨人一样的天使雕像，有像雄鹰一样的鸽子雕塑，只有很少的一部分跟实物差不多，圣彼得的青铜像就是其中的一个。世界各地的天主教徒来到圣彼得的青铜像前时，都会俯身亲吻它的双脚。

当复活节和其他宗教节日到来的时候，人们会把圣彼得教堂里里外外打扫一遍，并挂上深红色的绸布，点亮成千上万支蜡烛，唱诗班的男孩们一遍一遍地唱着圣歌。上百名牧师穿着整齐的长袍，红衣主教戴着高高的红色帽子，教皇一袭白色盛装，迈着整齐的步伐，从中心道路走向高高的圣坛。设立圣坛的地方正是当年圣彼得被钉在十字架上的地方。

罗马教皇住在梵蒂冈宫中，紧挨着圣彼得教堂。你们家有几个房间？就算是一座很大的房子也只有十几个吧。据说梵蒂冈宫有一千多个房间呢。梵蒂冈宫中不仅是教皇住的地方，而且还是个大大的博物馆，这里珍藏着许多举世闻名的绘画和雕塑，吸引着世界各地的人前去参观。在意大利，还有一个叫西斯廷的小教堂，它是罗马教皇的私人教堂。这座教堂之所以那么出名，是因为米开朗琪罗在教堂的天花板和墙壁上画了很多漂亮的画。如果你嫌抬头太累的话，你可以拿一面大镜子照着，或者干脆舒舒服服地躺在地上看。

在圣彼得还没有出现的时候，罗马人信奉不同的神灵。罗马还有一座"万神庙"，是为了敬奉这些不同的神而修建的。罗马万神庙也是圆顶建筑，但它的圆顶跟圣彼得教堂的圆顶不同。圣彼得教堂的圆顶像一个倒扣的巨型杯子，而罗马万神庙的圆顶则像一个倒扣的大茶碟。罗马万神庙四周密闭，只在顶部开了一个洞，这个洞很像一只望向天堂的眼睛。阳光透过洞口洒向地面，雨滴也会从洞口落下。但是，由于圆顶太高，雨滴在下落的过程中就被蒸发掉了，所以即便是下雨天，教堂内的地面，也不会变得潮湿。

耶稣时代修建的很多建筑早已面目全非，但罗马万神庙例外，它几乎跟刚建成时一模一样。那些建筑遗址被灰尘一点一点地覆盖起来，算起来，这些灰尘已经有两千多年的历史了。现在的罗马城比那些建筑遗址要高很多，如果我们想目睹那些建筑遗址，必须从把它们从土里挖出来才行。

古罗马有一个举世闻名的罗马广场，广场上建有漂亮的宫殿、森严的法院、巍峨的寺庙和高大的拱门。当时，人们建造拱门的目的是为了迎接凯旋的将军。其中有一座拱门叫"提图斯凯旋门"，它是根据提图斯的名字命名的。提图斯曾经当过罗马人的皇帝，他率军攻下了犹太人的首都耶路撒冷。为了庆祝这场战争的胜利，人们就修建了这座拱门。还有一座拱门叫"君士坦丁凯旋门"，它也是为了纪念君士坦丁而修建的。君士坦丁是耶稣去世300年后，首位信奉基督教并支持基督教徒的罗马皇帝。

古罗马人还有一个听起来很残忍的癖好，他们喜欢坐在高高的看台上观看人与老虎、狮子等野兽厮杀的场

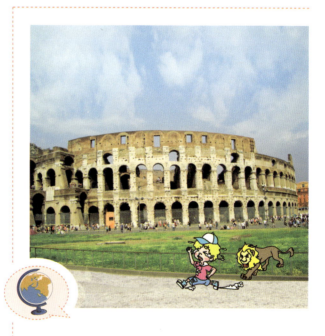

罗马斗兽场是观看角斗士和野兽搏斗的场所。它是世界上现存的最古老最恢弘的斗兽场，与人们普遍认为的不一样，这座雄伟的斗兽场仅用了八年的时间就完工了。

面。这些与野兽搏斗的人大多数是战俘，还有被判处死刑的基督徒。为了方便观看，他们还特别建造了一个竞技场，这就是著名的古罗马竞技场。现在，竞技场已经残缺不全了，但还屹立在原来的位置，在那里，你还可以找到当年关过野兽的石屋呢。

当罗马人抵制基督教时，基督教徒的拜神仪式只能秘密进行。为了掩人耳目，他们只能选择像地窖一样的洞。这样的洞有很多，大多在罗马城外。那些虔诚的基督徒生前在洞里拜神，死后也被安葬在洞里。后来，人们把这些地洞称为基督徒的地下墓穴，那些墓穴里埋葬着众多的基督徒，最大的竟埋葬了几万人。

第 **36** 章
火山之地

　　不管在哪个国家，都没人认为灰堆是件宝贝。要是谁将一堆灰堆在自家的后院，那肯定是件非常恼火的事情。然而在意大利的国土上，在那不勒斯这座城市的"后院"，就有一座"灰堆"，它有 1.6 千米高。在这里，灰堆不但不会让人反感，而且还成了当地有名的景点，吸引着世界各地的旅客。这座"灰堆"有一个专门的名字——维苏威火山。

　　关于这座火山还有一个传说。很久以前，在地下有一个跛脚的铁匠在燃烧着的大火炉旁边打铁。浓烟、火焰和灰烬就直接从这个大火炉中窜出来，所以地上的人就看到山正在喷火与烟。

　　我们知道传说只不过是人们在无法真实地认识大自然时的一种假想，传说中的那个跛脚铁匠是我们虚构出来的，那个大火炉也是我们想象出来的。火山分为休眠火山和活火山，休眠火山一般不会喷发。维苏威火山是一座活火山，也是欧洲大陆唯一的一座活火山。

　　火山喷发时，能直接把大量的小石头和火山灰喷到高空，小石头与火山灰能在空中飘浮好几个月，有时候还能飘到距离意大利非常远的其他国家，变成"火山灰雨"落下。那样的话，那些国家的人可就遭殃了，水也不能喝了，农作物也不能生长。

　　火山灰一方面会给人类带来危害，另一方面它也带来了壮观的落日美景——与火山灰相映衬的落日绚丽多姿，非常漂亮。

　　火山口的温度非常高，它喷出的岩浆温度通常高达 1000℃。一

般的火可以熔化铁和铜，但不能熔化石头。然而，再坚硬的石头一旦遇上火山喷发的火焰，就好像蜡烛遇到火一样，很快就会熔化成温度极高的岩浆。这些岩浆会顺着火山向下肆意流淌，逐渐冷却后又变成石头，这种石头就是火山岩。用那不勒斯的火山岩铺成的道路，想必你也想在上面走一走吧。

维苏威火山喷发时非常壮观，我曾见过一次。火山喷发后，整个那不勒斯的建筑都被一层灰蒙蒙的火山灰覆盖，乍一看，还以为是下了一层灰色的"雪"呢。不过，这种"雪"是不会被太阳融化的，人们只能自己动手清扫，然后再把这些灰尘用卡车运到那不勒斯湾倒掉。火山口到底是个什么样子？我特想知道，在好奇心的驱使下，我决定到维苏威火山口去看看。以前有一条铁路通往山上，不过现在已经废弃了，唯一的办法就是爬上去。厚厚的火山灰早就把上山的路"淹没"了，每一步我都走得十分艰难，不长的路竟花了我大半天的时间。从火山口往下看时，还要提防着时不时喷出的石块，因为一不小心就有可能被石块击中。后来，有越来越多的石

我从维苏威火山上跳下来。

火山之地

块从火山口喷出来，我只好以最快的速度往山脚下跑。不过，下山也不比上山时容易，我就像是一只猴子，不是走下去的，而是跳下去的。每跳一步都会掉到火山灰中，还好火山灰软软的，如果火山灰像石头一样硬的话，肯定会受伤。在灰堆之中随意滚动也是一件非常有意思的事，不过最倒霉的还是身上的衣服，已经脏得认不出本来的面目啦。上山的时候爬了那么长时间，下山则用了不到十分钟，最痛苦的是我花了好几个小时才把衣服彻底洗干净。

有一些鸟儿喜欢把巢筑在烟囱旁边，不过人要是居住在火山附近，特别是活火山附近，那就太危险了，因为火山随时都有可能喷发。在距离维苏威火山不远的地方，曾有一座叫庞贝的城市，和现在的那不勒斯比起来，它更靠近维苏威火山。公元 79 年的一天，维苏威火山突然爆发，还没等庞贝城中的居民反应过来，火山喷发的岩浆、灰尘就把整个城市给"淹没"了，整个城市在一夜之间化为乌有。直到两千多年后，整座庞贝古城才被重新挖掘出来，城中所有的房屋、寺庙和剧院还保持着原来的样子。想过穿越时空隧道吗？这里就是最佳的体验场所。我想，庞贝城中的居民无论如何也不会想到灾难会在几秒的时间内就降临到他们身上。

维苏威火山会在什么时间再爆发？没有人能够给出确定的答案，但是那不勒斯的居民从来不会担心这些，他们依然生活得很悠闲，该干什么就干什么，好像灾难永远也不会发生在他们身上一样。

在意大利的街头，有很多人喜欢吹口哨，在那不勒斯的街头也如此，很多人一边哼着小调一边在街上闲逛。在大街上，在出租车内，在贫民窟中，在音乐会上，在歌剧院中，随处可以听见那不勒斯人的歌声。尤其是夜幕降临的时候，歌声更是四处飞扬。卡鲁索是从那不勒斯走出来的一位伟大的歌唱家。他就曾经是那不勒斯街头的一个小顽童，现在他虽然已经离我们远去，但是在美国的音像店中依然有他的唱片出售。

　　意大利是一个音乐的国度，意大利语似乎也是专门为歌唱而诞生的一种语言。只要你会说意大利语，很多歌曲你就能唱出来。现在有很多有关音乐的词汇，像"高音""低音""小提琴""钢琴"都是从意大利语中演变来的。国际上很多乐谱用的也是意大利语，连说明都是意大利语，足见这种语言的音乐魅力。

　　那不勒斯海湾的对面是卡普里岛，这个小岛的名字在意大利的歌曲中频繁出现。卡普里岛上到处都是岩石，岸边有个神奇的海洞。海洞，你见过它的样子吗？没有的话就跟我一起去看看吧。想进这个海洞的话，我们必须先坐划艇进入一个又低又矮的入口，因为这个入口太低，一不小心就会碰到头，所以行驶的时候要非常小心。这个海洞还有一个另外的称呼——蓝洞，洞内的水清澈透明，船行驶在水面上，感觉就像飞机在湛蓝的天空中飞翔一样。为什么这里的水这么蓝呢？假如你有兴趣的话，装一瓶带回家研究一下吧。到了家里，你就会发现带回去的水和家里的水几乎一样。这真是太神奇了！

第37章

丹麦

　　小时候，每当我惹父亲生气时，他就会对我说："斯卡格拉克、卡特加特"。我非常疑惑，不知道这两个词是什么意思，上学后才从地理老师那里得知它们原来是两个海峡的名字，这两个海峡都位于丹麦附近，是北海到波罗的海的两个通道。卡特加特的意思是"猫的洞"，斯卡格拉塔的意思是"喉咙"。那为什么这两个海峡会叫这样的名字呢？因为它们实在是太窄了，且有很多暗礁。因此，船只航行到这里很容易出事故，至今在这两个海峡底还留有很多沉船的残骸。

　　丹麦主要由两部分构成，一部分是日德兰半岛，它的地形就像是伸出的一根拇指，相传朱特人曾经就住在那里。另一部分是紧靠日德兰半岛的兰西岛，"兰西"的意思就是"海洋中漂浮的土地"。丹麦的首都哥本哈根就坐落在兰西岛上，那里是商人聚集的地方，也是众多船只停靠的港口。不过，基尔运河开通后，很少有船只再从斯卡格拉塔海峡和卡特加特海峡通过，兰西岛也比以前冷清了很多。

　　你见过丹麦大狗吗？从字面上就可以知道，这种狗产自丹麦。丹麦的名人也非常多，其中有一个你肯定知道，就算不知道名字你也肯定看过他写的一些作品。《卖火柴的小女孩》和《丑小鸭》，你看过吧？这个人就是汉斯·克里斯蒂尔·安徒生。丹麦人对克里斯蒂尔这个名字可是情有独钟，有近十个丹麦的国王都叫这个名字。

　　一千多年前的丹麦人非常野蛮，他们是名副其实的海盗，专门在海上抢劫，不过这早已成了历史，现在的丹麦人个个都是优秀的水手。在丹麦，几乎人人都从事与海运相关的工作。你若出生在丹麦，要么去做一名水手，要么去做造船工人，因为没有别的选择。

如果实在不想去做与海运有关的工作，那你就去做与黄油和鸡蛋打交道的事情吧！丹麦人饲养着大量的奶牛，生产的牛奶通常用来制作黄油。他们还饲养着大量的鸡，每年鸡蛋的产量也很高。丹麦的黄油和鸡蛋不仅能够满足国内的需求，还经常出口给其他国家。丹麦人的节俭是出了名的，他们将质量好的黄油出口给别的国家，自己只吃廉价的、脂肪做的黄油。

丹麦是最适合人类居住的国家，丹麦人的平均寿命也比别的国家都长。"我们一起去长寿之国——丹麦吧！"这是喜欢旅行的人常常说的一句话。

丹麦只是一个不起眼的小国，但是，它曾经却拥有两个比自己陆地还要大好几倍的岛屿。这两个岛屿距离丹麦都很远，都是在寒冷的北部地区。小一点的叫冰岛，大一点的叫格陵兰岛。现在，冰岛已经不是丹麦的领土了，而是一个独立的国家，格陵兰岛还是丹麦的一部分。也许你想知道，丹麦怎么会有这么两个名字古怪的岛屿啊？冰岛上到处都是火山和温泉，格陵兰岛上却处处都是冰雪，在我看来，冰岛的名字应该是"火岛"，格陵兰岛才是真正的"冰岛"。这就好像人们在做梦时，梦中的场景往往与现实中的截然相反一样。格陵兰岛上的冰层是全世界最厚的，有的地方竟达到了400米。靠近大海的冰层会整块整块地掉进海水中，有时候一块居然和一座教堂差不多大。它们在海面上漂浮着，这就是我们常说的冰山。

爱斯基摩人居住在格陵兰岛上。也许你又有问题要问了，整个岛屿都被厚厚的冰层盖住了，他们吃什么、穿什么、住在哪里呢？如果是个岛外的人，面对这些难题肯定会束手无策，但这些都难不倒爱斯基摩人。鱼类、动物和鸟类是爱斯基摩人最容易获取的，也

丹麦

是最天然的食物。格陵兰岛上的海雀非常多，常常成群结队地出现。通常，爱斯基摩人捕捉一次海雀可以吃上好几个月。而且他们也不用担心吃不完的海雀肉会变质，因为整个格陵兰岛就像一台超级大的"冰箱"。他们把吃剩的海雀随手一扔，下顿还能照样吃。

格陵兰岛的最低温度可达零下70℃。一般人不要说在那里居住，就是在岛上站上一小会儿也受不了。爱斯基摩人也怕冷，但是他们有御寒的"秘密武器"，那就是海雀的羽毛。爱斯基摩人把海雀的羽毛做成衣服的里衬，非常柔软，也非常暖和。除了海雀，岛上还生活着一种叫绒鸭的鸟，这种鸟的羽毛比海雀的还保暖，爱斯基摩人通常把绒鸭的羽毛放进被子里，这样，即使是在最冷的晚上，被窝里也是热乎乎的。

普通的牛很难在岛上生存，但是麝牛可以。麝牛全身长满了又粗又长的毛，所以耐寒能力极强。麝牛的个头看起来很庞大，但是把它的毛皮去掉后才发现，麝牛比普通的牛个头小多了。

一般人都不喜欢吃肥肉，但爱斯基摩人却恰恰相反，那是因为肥肉中含有大量的脂肪，能帮助他们抵御寒冷。

海豹也生活在格陵兰地区，它的毛皮可以做成最昂贵的皮革。每当格陵兰岛迎来夏天，爱斯基摩人就会用海豹的皮搭成帐篷。有时候海风刮得猛烈，会把整个帐篷刮走，所以必须用石头紧紧地压住帐篷的四个角。冬天的时候，爱斯基摩人就用冰砖搭建房子，不过这些房子又低又矮，连一个窗子都没有，人在里面都不敢伸腰。爱斯基摩人的照明方式也很特别，在地上放上一个火把或者放一盏小灯。这种火把或小灯的制作方法非常简单，用石头在地上凿一个坑，把一根蘸有油脂或者动物脂肪的灯芯插在里面，火一点，就是一个照明工具了。

在格陵兰岛上生活的动物都比较凶狠，但是爱斯基摩犬却很温顺，爱斯基摩人也只能跟这种动物亲近。爱斯基摩犬有点像狼，很

可能是因为这种犬和狼的血缘非常近。在格陵兰岛上，马匹没有办法生存，汽车也无法行驶，爱斯基摩犬就是爱斯基摩人唯一的交通工具。四条狗，八条狗，或更多的狗拉着同一辆车跑，你见过吗？这种情形在格陵兰岛上却非常常见。众所周知，狗喜欢水，但是爱斯基摩犬却非常怕水，如果狗的主人不驱赶它下水，它是不会让自己沾上一滴水的。相反，爱斯基摩人可没那么怕水。他们有一种独木船，又叫爱斯基摩划子。整条船都是封闭的，就算海浪把船打翻，也不会有水进入船中。为此，爱玩的爱斯基摩人还专门发明了一种水上运动，就是故意把船打翻，而船上的人要在打翻的船上继续前进，这种划船的技术着实让人惊叹。

第 *38* 章

小鱼 峡谷 海湾 瀑布 森林（上）

　　看天上的云朵，你觉得它们像什么？像不像巨人、奔跑的骏马？或是蹦蹦跳跳的小兔？那你再看看挪威和瑞典的地图，它们又像什么呢？

　　挪威和瑞典像不像一条张开大嘴的鲸鱼？那小小的丹麦像不像这条鲸鱼正要吞噬的食物？斯卡格拉克海峡和卡特加特海峡像不像这条鲸鱼的喉咙？

　　眼前的这条鲸鱼叫斯堪的纳维亚半岛，挪威就是鲸鱼的背，瑞典就

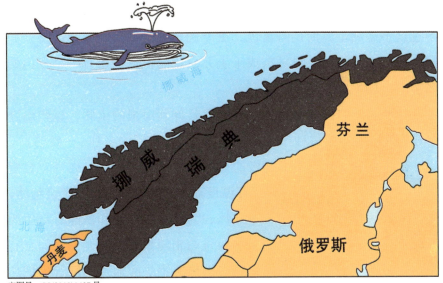

审图号　GS(2008)1427号

斯堪的纳维亚半岛像一条鲸鱼。

169

是鲸鱼的肚子。整个半岛也就这两个国家。

说它像一条鲸鱼？这一点都不奇怪，这儿的海域有很多很多的鲸鱼，所以，我们很容易把这个半岛和鲸鱼联系在一起了。我们常说全世界最大的鱼是鲸鱼，但这句话是错误的，鲸鱼不属于鱼。不信你可以对比一下嘛，鱼和鸡一样，会生蛋，只不过鱼的蛋小一些罢了；鲸鱼和猫咪一样，可以直接生出鲸鱼宝宝。鲸还有另外一个非鱼类特征就是它和我们一样需要用肺呼吸。在海上，看到鲸鱼浮在水面上呼吸是再正常不过的事了。我们可以这样说，鲸鱼和我们属于同一个种群，都是哺乳动物。

鲱鱼是鲸鱼特别钟爱的食物，鲸鱼一张嘴就可以吃掉成千上万条小鲱鱼。大海中的鲱鱼数量惊人，即使鲸鱼吃掉很多鲱鱼，它们还是大量存在着。在挪威的海岸边，挪威人把捕到的鲱鱼用盐腌、用烟熏或者直接晒干，总之用各种各样的办法将这些来自海洋中的美味处理好，然后运到世界各地销售。如果你早餐吃鲱鱼干的话，很有可能它们就来自于挪威海呢！

有一次吃早餐，我一共吃了几百个蛋。我的饭量有这么大吗？不过这不是鸡蛋，而是鲱鱼蛋，更准确地说是早餐吃了一条待产的鲱鱼妈妈，它的肚子里可有成千上万只蛋啊。这些蛋有一个专门的名字——鱼卵。

曲曲折折的挪威海岸边，有许多延伸到海里的山脉，这些山脉形成了很多山谷，这种在海里的山谷有一个专门的名称——峡湾。

在你的印象中，靠近北极的挪威是什么样子的呢？你肯定会觉得挪威海湾中的水很冷吧？水在温度非常低的情况下，一定会结冰，但是这个峡湾中的水从来都不结冰，为什么呢？这和墨西哥湾中的海水脱不了干系，挪威峡湾和墨西哥湾相隔数万里，他们之间会有什么关系呢？打一个比方吧，集中供热的锅炉能通过热气管道把热量送到距离锅炉非常远的房间里。太阳直射的墨西哥湾就像是一个

第78章

小鱼 峡谷 海湾 瀑布 森林（上）

巨大的地球锅炉，"锅炉"中的海水就会顺着风的方向，形成一种温度较高的湾流，我们把它叫做暖流。这条暖流就像陆地上的河流一样，在风的作用下，从墨西哥湾直接抵达挪威峡湾，峡湾中海水的温度也会随之升高。由于这里的海水温暖，能吸引众多的鲱鱼，这就为挪威人提供了无穷无尽的渔业资源，挪威人可以轻而易举地把鲱鱼逮到岸上，所以以鲱鱼为主要食物的鲸鱼选择在这个海湾生活也就不足为奇了。

挪威有一个全世界最北的城市——哈默菲斯特，这里正好就是墨西哥湾暖流抵达的地方。暖流一路狂奔，带来了大量的木棒，我们把这种木棒叫做漂流木。这些漂流木在海上顺流而下，就像一只只独木船，别小看这些木棒，它们是挪威人生火做饭的主要原料。普通的木头在燃烧时只能发出黄色的火焰，而漂浮木经过海水浸泡，含有很多盐，要是将它们点燃，就会出现蓝色、绿色和紫色的火花，非常漂亮，所以这种漂流木也被很多人当成篝火晚会上的专用木头。

小时候，妈妈总是让我吃鱼肝油，那个味道直到现在我还觉得有点怪，但是妈妈总是说，鱼肝油可是好东西哦，吃了以后眼睛会更明亮，身体会更强壮。妈妈的话真的没错，鱼肝油对身体的好处非常多，这种东西是用鳕鱼的肝脏做成的。鳕鱼是一种很大的鱼，不过它也属于鲱鱼的一种。挪威附近的很多海域都盛产鳕鱼。当地人从海中把鳕鱼捕捞上来，再从鳕鱼的肝脏中把鱼肝油提炼出来，运到世界各国销售。挪威人还会把这些鳕鱼的刺全部拔掉，把鳕鱼晒成鱼干，这也是非常美味的食物。

第39章
小鱼 峡谷 海湾 瀑布 森林（下）

　　你知道全世界鱼儿最多的地方是哪里吗？是一个叫卑尔根的城市，它坐落在挪威的一个峡湾上。由于这座城市太有名了，那个峡湾也就被人称为卑尔根峡湾。其他峡湾的渔民捕到鱼后，会把鱼集中到卑尔根去，在那里用大船运送到各个国家。来到卑尔根，就好像来到了海底世界，因为那里有太多太多的鱼，大的、小的、薄的、黑的、白的……凡是你能想到的全都有。

　　卑尔根是世界上最盛产鱼的城市，同时也是欧洲最湿润的城市。当地人都有携带雨具的习惯，因为在这里随时都会下起雨来。一般人们通常用积水的深度，也就是"降雨量"来衡量雨的大小。如果你在雨天上街，看到积水漫过了自己的鞋子，千万不要以为降雨量很多了，实际上，如果在那样的雨天用桶接雨水的话，很长时间也接不了多少。世界上有很多城市一年的降水量都不足 500 毫米，可是在卑尔根，一年的雨期有近 200 天，降水量足足有 2000 毫米。幸亏这些雨是分好多次降下来的，不然的话，城市早就被雨水给淹没了。

　　在美国，几乎每个家庭都有自己的汽车，而在挪威，几乎每个家庭都有自己的船。挪威人就像我们在前面提到的维尼西亚人一样，也是天生的水手。

　　很久以前，挪威人就以航海探险而出名。其中有一位叫莱夫·埃里克松的探险家尤为出名，他的父亲埃里克，也是著名的航海探险

第 36 章

小鱼 峡谷 海湾 瀑布 森林（下）

家。莱夫·埃里克松生活的时代比哥伦布发现新大陆还早了 500 年。当时他四处游历，或许也到过美洲大陆，只是，他对发现新大陆这件事没怎么在意，回去后也没有向别人提起过。所以，发现新大陆的美誉，就落在哥伦布一个人身上了。

挪威与北极相距不远，所以总有人想去那个冰雪覆盖的地方一探究竟。北极可是个神奇的地方，你在那里转个身，一天的时间就过去了。很多探险家为了到达北极点，都不惜以自己的生命为代价。但是也有两个冒险者幸存地活下来，他们一个叫南森，另一个叫阿姆森，活是活了下来，他们却没有成功抵达北极点。后来，有一位名叫皮尔里的美国探险家成功抵达了北极点。

冬季雪花飞舞的时候，我们会穿上一双防滑鞋，全副武装地在大街上走。挪威人和瑞典人则会在这个时候在脚上套上两块长长的滑雪板，两只手各拿着一根木棍，在雪地上飞快向前滑行。

白色的煤炭？这是什么东西？没有人见过吧。白色的煤炭在挪威和瑞典还真有。是不是觉得很神奇呢？煤炭怎么可能是白色的呢？这要从两国的山脉说起。一层层的冰雪把挪威和瑞典的所有山脉包裹得严严实实，一旦高山上的冰雪融化，就会形成水，从山上流下来，由于山的落差，落下的水就形成了众多的瀑布。瀑布能让机器转动起来，这和煤炭能让机器转动的原理是一模一样的，因为瑞典和挪威基本上没有煤炭，冰雪在这时就替代了煤炭，发挥了燃料的作用，白色的煤炭也就成了瀑布的另一称号。虽然白色煤炭和黑色煤炭听起来像是同一种物质，但它们却有着本质的差别，因为白色的煤炭可以熄灭黑色煤炭产生的火焰。

我们知道，利用铁，可以打制出各种各样的工具。瑞典盛产铁矿石，却缺少煤炭资源，所以无法自己冶炼出铁。他们的铁矿石主要用于出口，而像英国这些煤炭资源丰富的国家就是他们首选的出口国。

你见过冰天雪地中的松树吗？松树和白雪似乎是一对孪生兄弟，人们看到其中的一个时，总会不由自主地想起另一个，在挪威和瑞典生长着许许多多的松树，它们的树干又高又直，是做船桅的好材料。此外，它们还是旗杆、电线杆以及一些建筑的原料。松木很容易被点燃，所以常常被人们拿来做火柴梗，一棵松树能造出很多很多盒的火柴梗。赶紧拿出你家里的火柴看一看吧，没准儿上面就印着"瑞典制造"的字样呢。瑞典人还砍伐一些稍小一点的松树，弄成木浆来造纸。我们在前面已经提到过，人们平时印刷用的纸、包装用的纸、写字用的纸，几乎全是木材制成的。瑞典人把树砍下来后，把它们锯成一节一节的原木，推到小溪里去。这些原木就顺流而下漂入海洋，人们从海里捞出木头，用船只运往世界各地。瑞典人在砍伐树木的同时还特别注重小树的培植，这样一来，就有源源不断的木材供人们使用了。

第 *40* 章
日不落的胜地

　　想象一下这样一幅奇妙的画面：半夜时分一轮太阳出现在远处的天空中。大家必定认为这般不可思议的场景仅限于童话故事中。如童话《镜中奇遇记》中故事《海象与木匠》开篇描述道："金色的阳光倾洒在海面上，大海仿佛披上一层'金色纱衣'，璀璨夺目……半夜时分，天空中尚有一轮红日高挂。"可笑吗？其实不然，有人真有过这样的经历。在挪威的最北端，有一块硕大无比的岩石直接插入北冰洋，人们将其称为"北角"，不少人就曾在这个地方欣赏到午夜阳光轻拂海面的奇景。

　　太阳的东升西落是最基本的生活常识，我们也会理所当然地认为每天地球上的所有人都会看到太阳的起起落落。但是，对于居住在瑞典和挪威北部地区的孩子来说，他们有半年时间完全看不到太阳，而另外半年呢，不分白天黑夜，太阳都会对着大家露出笑脸。

　　这时，你会不会紧皱眉头一脸疑惑地猜想，地球上是不是有两个太阳呢，一个在我们这边，一个在他们那边。

　　答案是否定的，所有人看到的都是同一个太阳。只是地球在不断地自转，当地球的一面正对着太阳的时候，大家就能感受到阳光；当地球的一面背对着太阳的时候，就什么都看不见了，四周也变得黑漆漆的，也就是说夜晚来到了。但是，有些地方在晚上也可以见到太阳，如北极和南极。为了便于理解，我们来做一个设想。假如你家位于山的这边，你的朋友从山的那边来找你。当他走下山坡的时候，你在门前就能远远地看到他，但是当他翻到山的那一边时，就算你爬上屋顶也寻不到他的身影。通过这个例子，你是不是已经理解了极昼极夜的规律了呢。北极既叫"午夜光芒之地"，又叫"正午黯淡之地"。因为在北极，一年中有半年时间，太阳始终在天空中出现，全天都是白天；另外半年，则完全见不到太阳的踪影，全天都是黑夜。

传说北极是圣诞老人生活的地方，但是在这里也还有人类居住——拉普人。他们和爱斯基摩人长得很像，而这两种人又都和中国人长得很像，我想他们的先辈们也许是中国人。同拉普人一起生活的还有驯鹿。北极天寒地冻，千里冰封，这里的植物就只有苔藓，所以驯鹿只能将其作为主食。驯鹿既是拉普人的食物来源——鹿肉和鹿奶，又是防寒衣物的来源——鹿皮，还是他们的出行工具——驯鹿雪橇。

挪威人和瑞典人虽然外貌看上去和我们没有太大的差别，但是我总感觉他们当中某些人的智商要比我们高许多，也比我们更善于学习。因为在我认识的瑞典人中就有很多聪明绝顶的大人物。在那

圣诞老人与驯鹿。

日不落的胜地

些人中，有的会讲 12 种不同的语言，有的还发明了在没有脱脂的条件下从牛奶中提炼奶油的方法。另外，还有两个男孩有一项惊人的发明——他们创造出了第一台通过加热制作冰块的机器。

虽然目前瑞典和挪威是两个相互独立的国家，有着自己各自的首脑和首都，但它们曾经是合在一起的，由一位最高首脑掌权。

如今挪威的首都叫做奥斯陆，在你们父辈小的时候，奥斯陆叫做克里斯丁亚那。瑞典的首都叫斯德哥尔摩。这两个首都都是海岸城市，但是墨西哥湾暖流似乎对它们并没有产生什么影响。入冬之后，寒冷的天气使海港的海水结成冰层，导致船只无法继续航行。另外，斯德哥尔摩又因运河众多而出名，并因此获得了"北方威尼斯"的美名。

不少国家的人会对某些名字有着特殊的偏好。如美国人对玛丽和约翰这两个名字就特别喜爱。同样的，在斯堪的纳维亚地区，奥利这个名字最受欢迎，其他的一些，如彼得、汉斯和埃里克也都很受青睐。另外，一种简单的取名方法就是在大家偏好的名字后面加上某个字，组成新的名字。如美国人喜欢加个"逊"字，"约翰"也就成了"约翰逊"，斯堪的纳维亚人乐于加个"森"字，"彼得"也就成了"彼得森""埃里克"也就成了"埃里克森"，还有阿姆德森、奥勒森、南森……如果你查一下威斯康星州和明尼苏达州的电话簿就能发现有很多相似的名字。因为这两个州居住着相当多的瑞典和挪威人。但是为什么瑞典人和挪威人会选择居住在这里呢？因为这两个州的环境与自己的祖国最接近，所以就在这儿定居下来了。

虽然挪威语和英语分属不同的语种，但是它们的单词拼写很相似。严格来说是英语借用了挪威语的部分单词和用法。数千年前，挪威的航行者长期生活在英国，就把挪威语也带到了英国。之后，虽然挪威人的原始用语在流传中出现了部分变化，但它依然为学英语的人所沿用。

　　过去斯堪的纳维亚人异常残暴，乐于杀戮。他们对名为蜂蜜酒的烈酒特别偏好，甚至将对手的头骨作为饮酒的器具。他们还是多神崇拜者，供奉的神灵主要有蒂屋和托尔，分别象征着战争和雷电。"礼拜一""礼拜三""礼拜四"和"礼拜五"这四个挪威词汇都是比照不同的神而创造的，如今这几个英文单词的含义同当时挪威语的本意极其相似。

　　众所周知，有一位瑞典人发明了一种叫达纳的炸药，他离开人世后为世界留下了数目庞大的财产和一通遗言。在遗言中，他要求将这笔巨额资产的利息作为奖金，奖励给那些为世界和人民做出巨大贡献的人，并强调不论这个人来自哪个国家和地区，只要他的贡献足够大，就有可能获得这笔奖金。由于每年申请这笔奖金的人太多了，所以需要有专门的评审人根据贡献的大小来选择最后的获奖者。相信大家对这个奖项的名字并不陌生，它就叫诺贝尔奖。那位发明炸药的人就是诺贝尔。美国就有四位总统获得过诺贝尔和平奖：西奥多·罗斯福、伍德罗·威尔逊、吉米·卡特和巴拉克·侯赛因·奥巴马。另外一个美国黑人，名叫本奇，他也获得过这个奖项。只要你为人类做出巨大的贡献，你就有可能获得诺贝尔奖。你认为这对于你来说有没有实现的可能呢？

第 41 章

熊之国

在孩提时代，我对有关俄罗斯狼群的故事特别感兴趣，简直百听不厌。狼群经常在雪地上对俄罗斯人发起突然袭击，雪橇上的人只能使劲鞭打马，妄想加速前行以逃过一劫。但不管雪橇滑行的速度有多快，狼群总是能够很快地追赶上来。眼看狼群就要扑上来时，俄罗斯人不得不将一些食物远远地丢开，这时狼群就会追随食物而去。但是狼群在慌乱地吞食完食物之后又会追赶过来，人们就又得拿出新的食物作为诱饵。这样反反复复多次，你难以想象食物耗尽时将会是一幅怎样的场景。

在听了这样的故事后，我很自然将俄罗斯看成"野狼之国"。直到后来我才知道原来那里是"熊之国"。

俄罗斯幅员辽阔，几乎有半个欧洲那么大。它的北部地区天寒地冻，冰封千里，那里确实有乘坐雪橇的人和凶猛的狼群搏斗的真实故事。但是俄罗斯也并不都是如此，它中部地区就要暖和很多，而南部就更舒适了。

俄罗斯的南北两边都面向大海，北边有白海，南边有黑海。北边的海洋除夏季的解冻期外，都被厚厚的大雪覆盖着，也许这就是被命名为"白海"的缘由。在解冻期的数月中，大量装有丰富物资、商品的巨型船只会驶入白海附近的重要港口——阿尔汉格尔斯克。

我们都知道，人们在选择定居点的时候一般会多考虑环境舒适的地区，而不是天寒地冻的地带。在俄罗斯也一样，一开始时，有

几户人家居住在环境适宜的地区，随着时间的推移，定居下来的人越来越多，城市也就慢慢发展起来了。但是也有例外，如远离阿尔汉格尔斯克的一个名为圣彼得堡的城市，它是两百多年前由一个名叫彼得的沙皇一次性建成的。（俄罗斯旧称俄国，沙皇是俄国最高统治者的称号。）航海是彼得最大的兴趣之一，为了航海方便，他就下令在海边建筑一座同内陆一样的城市，里面有居民房、商铺和宫殿。建成之后，他就颁布命令强制其他城市的人迁移到此地定居。很明显，这座城市是以彼得的名字命名的，圣彼得堡旨在宣称这是属于沙皇的城市。

圣彼得堡这个名字在历史上曾经被改动过两次，但很长时间以来它都被俄罗斯人选作首都。第一次改名是在第一次世界大战期间，受到德国侵袭的圣彼得堡人认为自己城市的名字同德国一定有着联系，因为德国人乐于将"堡"字作为城市名的尾字。为了让这所城市更加富有本土特色，他们就取了一个"彼得格勒"来代替原来的城市名。第二次发生在很多年之后，数年的征战让俄罗斯人深感厌恶，为了结束战事，推翻沙皇制度，就有人成功地发动了革命并建立了新的政府。为了纪念领导这场革命的领袖列宁，人们便舍弃了彼得格勒这个旧称，接受了"列宁格勒"即"列宁的城市"这个新名字。但生活在冰天雪地的列宁格勒俄罗斯人毕竟不是那么舒适，于是他们就将首都迁到了俄罗斯中部一个名叫莫斯科的城市，这里要比列宁格勒温暖得多。

莫斯科这个城市里有一处由教堂、房屋和宫殿组成的建筑群，被称为克里姆林宫。克里姆林宫宫内面积广阔，外层为高墙所环绕。它的用途与美国的国会大厦很类似。但是国会大厦仅由一栋建筑组成，而克里姆林宫是一系列的建筑群。共产主义革命后，克里姆林宫内的教堂也丧失了原来的意义，被改造成了政府办公大楼和博物馆。

红场位于克里姆林宫的不远处，在它的一端建有革命领袖列宁的陵墓。由于红场内宽敞平坦，视野开阔，俄罗斯人就选择这里作

熊之国

为阅兵盛典的重要场所，俄罗斯的首脑们会站在革命先人列宁的陵墓顶端，检阅麾下的部队。

　　红色象征着革命，我们不难猜想红场名称的由来，也不难理解苏联国旗中红色的意义，以及共产党人革命时自称"红军"的原因。

　　俄罗斯人对自己的国家充满了热爱，对音乐也极其热衷。无论何时何地他们总喜欢用音乐来表达自己：军队训练时会歌唱，工人劳动时也会歌唱，就连在狱中服刑的人也会时常歌唱，只不过他们的歌声听上去都很悲伤。

第 42 章
粮 仓

　　俄罗斯的北部常年被积雪覆盖，全部是白茫茫的一片。而俄罗斯南部则拥有全世界最肥沃的土地，这儿的土地如煤炭般漆黑，因此也叫"黑土地"。在美国，即使是肥沃的土地，也仅限于上面的几米，更深的地方是光秃秃的砾石和贫瘠的黏土，植物很难生长。所以在美国的有些地区，如新英格兰，农作物在田地表层的土壤上会生长良好，但经过两百多年的耕种，这层薄土的营养耗尽后，就没法种植庄稼了。当地农民只好举家搬迁，继续寻找适合庄稼生长的土地。而俄罗斯就不会面临这种状况，他们土壤的肥力是没法耗尽的，农民可以祖祖辈辈地在同一片田地上种植、收获。

　　黑土地上十分适合种植小麦，小麦可以磨成面粉，这也使当地获得了"粮仓"的美名。黑土地上还生长了一种叫向日葵的植物。向日葵很有特点，它的花朵会随着太阳移动。当地的农民种植向日葵，显然不是为了欣赏，而是想要获取它的种子。向日葵种子的用途很广，它同花生一样，可以吃，也可以用来榨油。榨出来的油除了能拌沙拉，还能作为原料制成一些其他的东西，如香皂等。

　　在俄罗斯的黑海附近，有着全世界第一大湖泊，它由许多支流汇集而成。在湖泊内消耗湖水的唯一途径便是蒸发，水分流失掉以后，大量的盐分囤积了下来，里面的水也有了强烈的咸味，就像海水的味道，大家把它称为"里海"。

　　借用《爱丽丝漫游仙境》中的话："既然你能从水井里打出水来，

那么你也能从糖浆井中打出糖浆来。"同样，你也能从油井里打出油来。在里海靠里面的一侧，有个叫巴库的城市，那里遍地都是石油和油井，无论你在城里的哪一个角落，都会被石油气味包围。因为里海没法往外流出，巴库的石油也没法从这运抵海洋。唯一的办法就是将其运送到那些能够航行的地区，但是即使是最近的地方，如巴统，距离巴库也有将近 1200 千米的距离。于是，巴库人选择通过管道的方式输送石油，在巴库至巴统的地下就有一条 1200 千米长的管道。巴库的石油就是这样由巴统出发抵达世界各地的。

在俄罗斯境内，还有欧洲最高的山脉以及欧洲最长的河流。

高加索山脉地处俄罗斯的南部，介于里海和黑海之间，它比阿尔卑斯山还要高，是欧洲第一高的山脉。

欧洲最长的河流是俄罗斯的伏尔加河。伏尔加河不像一般河水流得那么急，它是慢慢流动的，慢得让你无法辨清水流的真正方向。大家都听说过鱼子酱吧，它就是由生长在伏尔加河内的鲟鱼的卵制成的。听说鱼子酱的味道特别鲜美，但这并不意味着它就适合所有人的口味，而且，鱼子酱的价格不菲，一磅鱼子酱比一百磅牛排还要贵，这样看来鱼子酱可能是我们生活中卖价最高的食品了。

在你看来,世界上最贵的金属是什么? 黄金? 白银? 其实都不是，白金最贵。白金极其稀有，它看上去就像白银，但比黄金还贵。这种珍贵的资源就产在俄罗斯东部边境上海拔较低的乌拉尔山。

俄罗斯境内还盛产一种岩石，叫石棉。它就像一根根的细线，还可以织成布料。奇特的是，用石棉织成的布料能经得住"真金火炼"。很多年前，有位国王将一块石棉布作为餐桌布使用，就餐完毕后就将它放入火中烘烤，每次拿出来后都完好无损。因为当时在场的客人们都不熟悉石棉布的特点，个个都大为惊讶。石棉可以制成很多东西，如运输易燃物的管道，消防人员的工作服和一些特殊的屋顶，等等。除了俄罗斯外，在加拿大和美国也发现了石棉。

第43章
九变二十

看到这一章的标题，你是不是又紧锁着眉头，在猜想它的意思呢？看完全篇你就会有答案了。

我们的世界很大，光城市就有数以万计，人口则需要以亿为单位来计算。而人的认识是有限的，因此可能有相当多的城市你听都没有听说过，对住在里面的居民更是缺乏了解。同样，这些居民可能对我们的城市也一无所知。城市是这样，国家也是如此，尤其是那些国土面积比较小的国家更容易被人忽视。从地图上，我们可以发现有九个小国家将俄罗斯与欧洲大陆的其他地区连接起来了，而它们的国土面积实在太小了，以至于你会认为它们并不会对世界产生任何影响。这九个国家的名字也有一些特点，比如有三个国名的尾字都是"亚"，有两个国名的尾字都是"兰"，还有两个国名的尾字都是"利"，还有两个国名的尾字分别是"克"和"夫"。除了那些集邮爱好者外，这些国家的名字对所有人来说可能都很陌生。

在这些国家中，芬兰与奥地利与俄罗斯相邻。除同俄罗斯接壤外，芬兰还紧邻斯堪的纳维亚半岛。它的面积在这九个国家当中位居第一，水资源也相当丰富，随处都可以见到大量的湖泊和湿地，而且芬兰这个名字本来的意思就是布满湿地的地带。芬兰境内有峡湾，还出产火柴和纸张，国家实行共和制，最高领导人是总统。从这几点来看，它同挪威还有瑞典有很多相似之处。

除芬兰以"兰"作为国名尾字外，另外一个就是波兰。波兰这

★第43章★
九变二十

个名字有"地形平展空旷"之意。其国土面积和芬兰也差不多，资源也很丰富，除了拥有大面积的农田外，还有大量的煤矿和铁矿。

与波兰南部接壤的是一个叫捷克斯洛伐克的国家，这个名字是不是很有意思呢。以前这个国家以制作工艺品而闻名于世，瓷器和玻璃器皿更是远销海外，我就拥有一套标有他们国名的瓷盘。但我不确定他们如今是否还在继续生产这些东西。如今捷克斯洛伐克这个国家已经不存在了，它在1993年的第一天被一分为二，变成了斯洛伐克和捷克这两个独立的共和制国家。也正因如此，我上面才会说"以前"。

还有个国家如今也被分成了两个独立的国家。它就是有着悠久历史的奥匈帝国，也就是现在的奥地利和匈牙利。一条名为多瑙河的河流在这两个国家之间流过，最终注入黑海。大家对多瑙河肯定不会太陌生，它和莱茵河并称为欧洲的两大河流，经常出现在文学家和艺术家的笔下。我们在童话故事、文学作品和音乐作品中也能见到它，甚至还有一首经典的华尔兹舞曲还直接以它命名，叫做《蓝色多瑙河》。奥地利的首都大家更为熟知，叫作维也纳。维也纳的美食极具风味，餐厅也很有特色，受到世界各地人民的喜爱。假如你想感受维也纳风情，大可不必亲自前往，因为如今在世界各地都能找到维也纳式的餐厅，在那里你就能品尝到维也纳的招牌面包卷。

同样，匈牙利这个国名也有一定的含义，意思是"匈奴人的地域"。匈牙利的主要农作物是小麦。这个国家的餐厅也很有特色，其中有一道美食特别出名，叫做匈牙利红牛肉，在美国的一些餐厅也可以见到这道菜。如果你品尝过，就会发现里面有好几种调料，以胡椒为主，吃起来辣辣的。在一些匈牙利餐厅里面，常有管弦乐队演奏他们的本土音乐，这种音乐有较大的节奏起伏，有时舒展平稳，有时急骤而下，跌宕不断。这一点同那些吉卜赛乐曲有着相同之处。有种被称为马扎尔的匈牙利人和中国人长得很像，对于这一点我实在没法弄明白。

你是否找人算过命或者看过相呢？说起算命谁都会有意无意地同吉卜赛人联系起来。吉卜赛人大多是来自一个叫罗马尼亚的国家，罗马尼亚紧邻匈牙利和黑海。听说这个国家的国名同罗马人有关，罗马人曾经在这块土地上生活，很自然的，他们根据自己国家的名字将这个国家称为罗马尼亚。从罗马尼亚的语言来看，这种说法是有根据的，因为罗马尼亚语同罗马语还有意大利语在某些地方极为相似。

黑海边上还有一个国家，叫保加利亚。保加利亚的资源也很丰富，除了有大量的田地和山脉外，森林也很富饶。森林里有很多野生动物，如野猪、山羊、熊和山猫等，还有一种动物叫做岩羚羊，看起来和山羊很像。我们生活中有一种皮布料就是以岩羚羊来命名的，叫作岩羊布，人们常常用它来清洗车子。虽然叫它布，但它并非是普通的布料，而是真皮，摸起来特别柔软。如今在市面上的岩羊皮大都是由别的材料制成的仿制品。

保加利亚人还以制造香水而闻名，香水制造业是他们的支柱产业。为了制造香水，他们就需要种植大量的花草，尤其是玫瑰。"玫瑰精油"是一种特别贵重的香水，从它所需耗费的材料就可以窥见一斑。配制一小瓶"玫瑰精油"香水，需要的玫瑰花花瓣可以堆满整整一间房子。

还有一个以"亚"作为国名尾字的国家叫阿尔巴尼亚，这个国家的面积特别小，大多数的人都靠种庄稼和饲养牛羊为生。他们的着装也很有特色，在有些地方，你会看到穿短裙的男子，裙子的裙摆开得很大，而且都在膝盖以上。前文曾提到在苏格兰也有男性穿短裙。虽然都是男式短裙，但是所用布料的颜色却大不相同。阿尔巴尼亚的大都是白色，苏格兰的则是深色。

亚得里亚海的一头连着意大利，另一头连着的是一个名为南斯拉夫的地区。这个地区的森林和铜矿资源都特别丰富，铜产量位居欧洲第一。南斯拉夫这个名字已成为历史，如今这个国家已经四分五裂了。从分裂后的南斯拉夫中又诞生了七个新的国家：波斯尼亚、克罗地亚、黑塞哥维那、黑山共和国、斯洛文尼亚、塞尔维亚共和国以及马其顿，是不是觉得要想记住这几个名字就得花很多功夫呢。南斯拉夫原本就是个多民族国家，而每个民族又都希望能够实现独立自治，所以最终分裂就不可避免啦。

每次听到人名或是地名的时候，我就会不自觉地联想，想看看能不能找到与之相关的信息。就像下面一样：乔治·华盛顿和樱桃树，纽约和高楼大厦，芬兰和湿地，波兰和音乐家，奥地利和面包卷，匈牙利和多瑙河，罗马利亚和吉卜赛人，保加利亚和岩羚羊及香水，阿尔巴尼亚和穿着裙子的男子，捷克斯洛伐克和玻璃器皿及瓷器，南斯拉夫和铜。

至此，你应该找到正确的答案了吧，九是指这个地区以前长期存在的九个国家，二十是指这个地区目前拥有二十个国家。从九到二十的改变，恐怕也只有生活在那里的人才能深切体会到吧。

第44章

神之国

  《伊索寓言》是我阅读的第一本书。伊索生长在希腊，他最初是一名奴隶，写了大量的寓言故事，这些故事不仅让他赢得了名声，也给他带来了自由。他当然是用希腊语来写《伊索寓言》的，但我阅读的版本是英译的。

  希腊的面积特别小，这一点你从地图上就可以看到，当你将自己的指尖放在希腊上面，就会发现整个希腊都被小小的指尖遮住了。虽然面积很小，但希腊却为世界做出过巨大的贡献，希腊有着最文明的民族和最卓越的语言。早在欧洲的其他民族开化之前，希腊就拥有了最为复杂的书籍、最为宏大的建筑和最为优秀的学派。《圣经新约》知道吗？它拥有全世界最大的读者群，共有八百多种不同语言的译本，而它在一开始时就是用希腊语写的。

  希腊人一开始并不认为耶稣是唯一的神。他们是多神主义的崇拜者，认为世间存在着各种神。神是不同于一般人的，他们生活在奥林匹斯山上的云彩里。在希腊，真有奥林匹斯山，但就算你爬到山的顶峰，也不会寻到任何神的踪迹。希腊人认为既有掌控一切的最高神，也有分管各项事务的神，如太阳神阿波罗、雨神朱庇特、爱神，还有战神。他们还将天气的变化同这些神联系起来，天晴是因为太阳神在天空中驾车驰骋，下雨是因为雨神在浇灌大地，电闪雷鸣是因为雷神在咆哮生气。

  希腊如同微型版的南北两大美洲，也可以分为两个部分。这两

★第44章★
神之国

个部分被仅有 6.4 千米宽的科林斯地峡相隔开来。北边的那部分诞生了一座历史名城，名为雅典。过去生活在雅典的百姓认为有一位叫作雅典娜·帕提农的女神庇佑着自己的家园，为了纪念这位女神，就以她的名字作为城市名。此外，雅典百姓在高山上建造了历史上最为恢宏的神殿，这座神殿则以这位女神的姓作为名字，叫做帕提农神殿。神殿内原本还立有由玉石和黄金铸成的雅典娜雕像。后来不知道为什么，雕像就莫名其妙地消失了，至今都没人找到它，神殿也在战乱中遭到毁坏，如今只见一片残败的模样。以前神殿中还藏有大量精美的雕塑品，如今这些雕塑品大多都躺在伦敦的大英博物馆内。如果你前往伦敦，就有机会欣赏到这些精美的艺术品。除了这座高山上的一些神庙外，雅典的其他地区也建造了很多神庙。雅典神庙与基督教堂的形状不一样，基督教堂以穹顶和尖塔为标志，雅典神庙则以各式各样的柱子而著名。

雅典附近有座名为彭特利库斯的山，山上盛产上等的大理石。建设雅典城市所用的大理石大都是从这里运来的。后来，有人将古希腊人成功创造了如此多精美建筑物和雕塑品的原因归功于这些上等的大理石。如今这些大理石在彭特利库斯山上依然存在，只是无法重现当年艺术繁荣的盛景。

以前，大家经常去神示所算命，位于雅典附近德尔斐的一家神示所尤为出名，世界各地的人们纷纷慕名前来。这家神示所的地面某处裂有一条神奇的细缝，气体从细缝中冒上来。细缝的上方坐着一位名叫西比尔的女神，西比尔的上方又有一座小神庙。大家都知道，为了缓解疼痛，医生往往会让病人服用一些麻药用以催眠。听说这种气体也有催眠的神效。西比尔就是通过这种办法自己为自己催眠，在睡梦中预测人们的未来。与雅典娜雕像的命运相似，德尔斐神示所后来也不见踪影了，就连消失的时间这个最基本的信息，人们都一无所知。

　　如果我说你也懂得一点的希腊语,你会不会相信呢?"娱乐""音乐"和"博物馆"应该是大家常用的词语吧,其实这几个词的英文单词就是希腊语。它们得名于九位漂亮的缪斯女神。缪斯们过去生活在一泓泉水边上,这泓泉水位于德尔斐,名为卡斯塔利亚泉。传说那儿的泉水可以赋予人们创作音乐和诗歌的灵感,如今卡斯塔利亚泉还在那儿淙淙地流动,除了路人饮用外,羊群也会喝它。

　　在耶稣诞生的数年前,希腊人民都会举行一年一次的运动盛会——奥林匹克运动会,现代的奥林匹克运动会就是由此发展而来的。运动会的比赛项目很多,有跳高和跳远,等等。希腊各地的选手们在运动会上都为奖品——"桂冠"而赛,桂冠,顾名思义,是由月桂枝叶制成戴在头上的奖品。之前希腊人会在一个固定的体育馆举行这种运动会,后来这个体育馆也遭到摧毁。前些年,一名希腊富人为了回报希腊人民,便出资修缮这个体育馆,并在原来的基础上铺上大理石。修整后的体育馆又得以发挥其原来的作用了。

　　雅典旁边有座名为伊米托斯山,该山出产的蜂蜜异常可口,且带有醉人的花香,传说山上的诸神都视它为美味佳肴,因此又称为"仙果"。如今这种蜂蜜在一般的餐馆里都可以品尝得到。

　　众所周知,历史上的希腊在各个方面都取得了卓越的成就,但你知道如今的希腊有哪些名产吗?雕塑?或是诗歌?还是建筑?或是音乐?全都不是的,而是一种叫做加仑子的小葡萄干。这种葡萄干是无核的,可以夹在蛋糕和布丁里面,吃起来相当美味可口。

　　在我们的市中心,开了一家名为"德尔斐餐馆"的速食店,老板是一名心揣美国发财梦的希腊小伙。上个星期我去那吃饭的时候同老板开玩笑说:"你们店里有'仙果'卖吗?"他回答道:"仙果没有,但有腌牛肉和洋白菜。"

第 **45** 章

月牙国

地球是圆的，无论你站在哪个位置，其相邻的地区总会有东西左右之分。比如，从中国出发，一直往东走可以到达美国；从美国继续东行，可以到达欧洲；从欧洲往东，可以到达全球最大的洲——亚洲。这样看来，美国可以是东面，欧洲也可以是东面，但是只有亚洲大陆才是我们约定俗成的、真正意义上的东方。

人类早期创造了很多神话故事，并一代代地流传。不知道你有没有听说过这么一个故事：有个神仙对一个叫欧罗巴的凡人女孩特别痴恋，但神仙不能与凡人发生感情。为了同心爱的女孩相恋，他

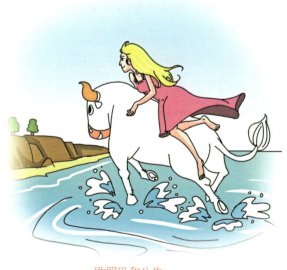

欧罗巴和公牛。

伪装成一头白色的公牛带着女孩私奔逃命，于是女孩坐在这头公牛背上拼命地往前跑，他们跋山涉水，来到了一个海峡的对面，发现那是一片未开垦的大陆，这块大陆即是现在的欧洲大陆，名字就取自欧罗巴的首字。

当然，不是所有人都相信这个故事，有的则认为欧洲是日落之地，而亚洲是日升之地。

还记得刚才提到的公牛渡过的那个海峡吗？如今人们称这个海峡为"波斯普努斯"。

很快，欧罗巴抵达的那个地方就发展成了一座新的城市。大概一千年之后，这座城市有了一个著名的名字——君士坦丁堡，这个名字是依据罗马的首个基督教大帝的名字而来的。当年，君士坦丁大帝从首都罗马迁徙到这之后，便用自己的名字给这座城市命名，并将其定为新的首都。

大概在又一个千年之后，君士坦丁堡被土耳其民族攻破。土耳其人来自亚洲，最高首领叫做苏丹王。与信奉基督教的欧洲人不同，土耳其人大都崇拜一个名为阿拉的神。因为受到很多人崇拜的穆罕默德也是阿拉的崇拜者，所以人们又将阿拉和穆罕默德的信徒统称为穆斯林。

很久之前，在一个伸手不见五指的黑夜，一批外敌准备偷袭君士坦丁堡，起初人们毫无戒备意识，突然，天空中出现了一轮弯弯的月亮，虽然不是全月，但是其光亮足以让守卫士兵觉出异常，于是全民立刻提高了警惕，自己的城市才得以化险为夷。自此，月亮在土耳其人心中就有了新的意义，他们还在神圣的教堂中放置月牙像，这就如同基督教中的十字架像一样，他们还以月牙命名了一个红十字会的组织。

君士坦丁堡拥有全球最大的教堂——圣索菲亚教堂。从名字我们就可以知道这是以希腊语命名的，"圣索菲亚"在希腊语中代表圣哲的意思。现在有很多女孩都叫索菲亚，因为这个名字也代表了智慧。圣索菲亚教堂建于土耳其人入侵之前。怎么，想问我是怎么知道的吧？因为土耳其人在攻破这座城市后，就将所有的教堂改造为清真寺。原来的十字架也被换成了月牙像，如今这座城内的清真寺多达八百多座。君士坦丁堡这个名字也不能再用了，现在人们称这座城市为"伊斯坦布尔"。

这座城市的名字本来就很长，还改来改去，就更加不便于记忆了。我之所以告诉你君士坦丁堡这个名字，是因为这个名字更为大家熟知，使用的时间也最长。伊斯坦布尔之前是君士坦丁堡，那么君士坦丁堡之前又是什么呢，这我就不打算告诉大家了。要是你有兴趣，可以自己去查一查。

清真寺内除了中心的主建筑之外，旁边还会有一座塔楼，造型看起来和蜡烛极为相似，土耳其人称其为光塔。在光塔的中间还设有一个平台，它是供牧师召唤大家祈祷用的。这和基督教堂不一样，基督教堂以钟声召唤大家祈祷，而伊斯兰教则采取牧师召唤的方式。伊斯兰教教徒一般都不喜欢使用钟，即便在家里需要呼叫佣人时，他们也采用拍手的方式。每天，牧师会召唤五次，第一次是在凌晨五点，提醒大家赶快起来做祷告。

实质上，只有一部分十分虔诚的教徒才会在凌晨五点前往附近的清真寺参加祷告。祷告时，教徒们双膝跪地，头尽量下低，直到完全贴到地面。走入清真寺的院落，会发现里面有干净的水池或喷泉，这是供人们清洗用的。每次进入清真寺进行祷告之前，你都必须将自己清洗一遍，包括脸、手还有脚。这也就是伊斯坦布尔建有大量喷泉的原因。清真寺戒规森严，唯有成年男子才有资格出入。如果时间允许，教徒们每天都会前往清真寺，而一般人通常会在周五去。

土耳其有个名为"金角湾"的小海湾，整个造型极像公牛的角，

位于波斯普努斯海峡内。在它上面人们搭建了一座名为"加拉塔桥"的桥梁。前文中我已经提到过很多举世闻名的桥梁了，有伦敦桥，有维奇奥桥，有里亚尔托桥，还有布鲁克林桥等。大批不同国籍、皮肤、语种以及打扮的人群熙熙攘攘、络绎不绝地穿行在这座历史上最为悠久、最负盛名的大桥之上。每当看到这个场景，我脑中总会闪现一个谜语：火鸡（在英语里火鸡和土耳其人的拼写是一样的）为何要过马路？

土耳其人使用的文字都特别难懂，看上去就像图画符号，同欧洲其他国家的文字差别很大。后来为了便于学习，土耳其人也开始简化文字，目前，四十岁以下的人都接受过简化文字的学习。

实际上，今天的土耳其已经彻底改头换面了。以前，苏丹王实行独裁统治，人们必须无条件地服从他。如今，土耳其打破了一人专政的局面，除了一个首要领袖，还可以通过选举的方式产生其他的领袖与之共同执政。以前，所有的女性在出门时必须用面纱将整张脸完全罩住，否则就会遭到言语的攻击。如今，她们再也不用受这样的束缚了，她们可以同美国女人一样打扮得漂漂亮亮地出门了。以前，土耳其实行一夫多妻制，而且所有的妻子还不能同丈夫的父母住在一起，她们被安排在一个单独的房屋里，这种房屋雅称为闺房。

火鸡是美国人过圣诞节和感恩节时必备的食物，在英文中，它和土耳其的拼法是一样的。对于这一点你是不是觉得很奇怪呢？美国的火鸡其实来自墨西哥，只是它的样子和土耳其人的服饰很相似，人们就误以为它来自土耳其。

第46章

沙漠之舟

在伊斯坦布尔，很少有机会见到骆驼。骆驼本来也不产自欧洲，它是人们通过波斯普努斯海峡从亚洲运来的。据说骆驼是世界上唯一一种不会游泳的动物。游泳是大部分动物必须要掌握的技能，而且有很多动物不需要经过后天的练习，生来就会。

在骆驼出没的地域，通常能够发现沙漠，因为骆驼偏爱干燥和炎热的天气。一般而言，当烈日当头时，人和多数动物都会跑得远远的，直到找到阴凉地为止，而骆驼却十分享受这种暴晒生活。骆驼能够长时间地适应沙漠生活，这与它的生理构造有关。你看，它的脚掌是不是看起来像垫子？这样就免除了深陷沙堆的危险。它体内还长有好几个用以盛放水的囊袋，如果骆驼在沙漠里找不到水，这几个类似水桶的囊袋就能发挥很大的作用。

骆驼有单峰驼和双峰驼之分，单峰驼意为只有一个驼峰的骆驼，亚洲的骆驼多是如此，其他地方的骆驼则都是长有两个驼峰的双峰驼。驼峰乍看就像断裂的脊背，实际上并非如此。驼峰可以帮助骆驼暂时缓解饥饿，因为它里面积聚了很多脂肪。

一般一群骆驼前都会有一个引路人，骆驼会紧随引路人的脚步前行。骆驼运输队组成列队，就如火车上的一节节车厢。火车上通常有一个火车头，而骆驼列队前面会有一头驴子在引路。驴子的鼻子特别灵敏，方向感也极强，所以特别适合做引路人。骆驼是典型的四肢发达，头脑简单的动物，看似庞大，大脑却很愚笨，偶尔还

压倒骆驼的最后一根稻草。

会耍耍小脾气。它们行走时会不时地发出"嘟嘟"的声音，似乎在表达不满的情绪。为了方便放置货物，人们会训练骆驼跪下来，装载时，如果重量在其承受的范围内，它便会爬起来缓慢前行，如果重量超出了它的承受范围，它不但不爬起来，还会"嘭"的一声倒下去。有句俗语叫做"压倒骆驼的最后一根稻草"，说的就是骆驼在达到最大承受值时，多余的一根稻草都可以将它击垮。假若有人对你施加了过多的压力，你就可以用这句语。

骆驼的用途很广，除了可以作交通工具运输货物外，母骆驼可以产奶，小的骆驼可以提供优质肉，骆驼毛可以编成衣服，做成帐篷，此外，骆驼毛还可以制成最上等的画笔头。

第 47 章

消失的国家

孩子在长大成人之前，人们称他为小朋友。紧靠着亚洲的是一块狭小区域，人们称它为"小亚细亚"。它并没有和欧洲直接相通，但它有两个海峡与欧洲的距离特别短，要是巨人的话，一脚就可以跨过去。这两个海峡，一个是距离欧洲大约 800 米的博斯普鲁斯海峡；还有就是大约 1600 米的达达尼尔海峡，在这两个海峡中人们可以乘船，甚至可以游泳抵达欧洲。亚欧大陆没有桥梁相接，船只就成了运输人、物的重要交通工具。

小亚细亚曾是全球最有钱的地方，住着全球第一大富豪——克罗伊斯，但这个地方现在已经走向没落，快成为世界上最穷困的地带了。

小亚细亚的特洛伊还从希腊掠来了历史上的第一美女——海伦。特洛伊战争就是因为这个女人而爆发的。

据说在小亚细亚还降生了历史上最富盛名的一个诗人——荷马。

《圣经》中记述的传播福音的使者——圣保罗也出生在这里，圣保罗还曾在这个小镇上为军队扎营呢！

你是不是对"世界七大奇观"有所耳闻呢，它指的是历史上最恢宏的七大建筑物，而小亚细亚就拥有三个。

地处以弗所的狄安娜神庙是小亚细亚的第一大奇观，这个神庙是为月亮女神造的。观光客们可以在狄安娜神庙的工匠那里买到大量的神庙复制品。而圣保罗认为月亮女神狄安娜出自异教，呼吁人们远离异教神物。工匠们担心圣保罗的言行会对神庙复制品的销售产生影响，绞尽脑汁想尽各种办法来破坏圣保罗的活动。如今，狄安娜神庙早已荡然无存，那些复制品也不存在了，只有圣保罗写给当地人的公开信在《圣经》中得以保存下来，为众人传阅。

摩索拉斯陵墓是小亚细亚的第二大奇观。它是在摩索拉斯去世后，其妻子为他建造的。摩索拉斯陵墓曾是历史上最具恢宏气魄的陵墓，如今也变成废墟了。

地处罗德斯岛的罗德斯巨像是小亚细亚的第三大奇观。它是一座由黄铜制成的太阳神塑像，有10层楼那么高。但是，这尊巨像在一次地震中被震毁了，它的碎片也被旧货收购商们买走了。

如今，这几大世界奇观都不在了，人们只能对着一处处遗址遥想，试图感受小亚细亚往日的成就。在这个地区，除了几个大都市外，其余的房屋都用泥土建成，整个房屋能通向外界的只有一道门。

现在，小亚细亚的整个区域都在土耳其的管辖范围内。而之前，包括伊斯坦布尔在内的土耳其地区都是小亚细亚的管辖范围。

你有没有见过这样的猫，它有毛乎乎的尾巴，修长的毛，摸起来软绵绵的。这是安哥拉猫，它与土耳其的首都同名。后来大家将这种猫叫作安卡拉，于是也有人称呼土耳其的这座城市为安卡拉。在安卡拉周围生活着一种山羊，它有着修长而顺滑的羊毛，这种羊毛一般用于制作毯子和衣物，这些制成品在美国也有出售，如马海毛衣服。穿着这种山羊毛制成的衣物，即便在酷热的夏季，也会感到十分凉爽。

小亚细亚有条名为曲流河的河。它就如轻盈的风儿，轻柔地从这儿流到那儿，从那儿流到这儿，最后静静地汇入大海。河边长了许多无花果树和海枣树。当地的人通过骆驼穿过地中海，将无花果与海枣运送到士麦那，然后从士麦那用船将它们继续运往世界各地。另外还有一件常用的东西也是由士麦那中转而来的，即海绵。这些海绵生长在海底岩石上，人们采下来，再加工卖到世界各地。

第 *48* 章

鱼和盐

小时候，我在学校学习《圣经》时，时常会碰到如伯利恒和耶路撒冷等城市名，本以为这些名字都是作者虚构的，后来才发现这些城市还真有，而且直到现在，还有很多人在这些城市里生活。由于《圣经》中的很多经典故事都发生在这里，所以人们称这里为"圣经之地"。准确地说，"圣经之地"处在地中海的东边，主要由两个国家组成，一北一南，分别是叙利亚和巴勒斯坦。巴勒斯坦这个名字本来就有"圣地"的意思。

这两个国家中又包含了很多城市，有些城市从耶稣诞生起一直保存到今天，有些城市则逐渐消失了。

大马士革——叙利亚的首都——的主街干道十

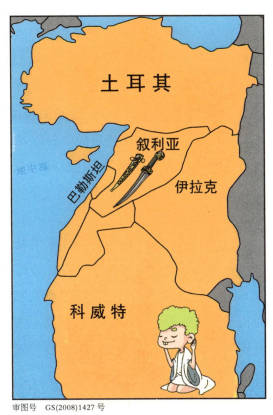

审图号 GS(2008)1427 号

叙利亚和巴勒斯坦是圣经之地。

分挺直，因此得名"直街"。"直街"的两边是鳞次栉比的商店，这些商店又被称作"街市"。大部分街市非常小，就算全部加起来，占地面积也不大，美国随便一家超市就可以将大马士革的所有街市放进去。从前，在街市上出售的都是大马士革纯手工制作的工艺品，如金银珠宝、小手工地毯、披肩，甚至刀剑、丝绸等，那是因为当时的大马士革还没有推广工业化制造，所以只能靠手工作。如今大马士革出售的东西大部分是由机器加工制成的，而且基本上都是在英国生产后的商品再转卖到大马士革。有些英国游客在大马士革购买纪念品后，竟赫然发现在那些商品上贴有"英国制造"的标签。你说，他们看到这样的标签是什么心情呢？

众所周知，要是用白色蜡笔在白纸上作画，或用红色颜料在红纸上作画，肯定很难分清哪是画哪是底。大马士革却有一种神奇的布料，它是纯手工编制而成的，布料的底纹和上面图案的颜色居然是一样的。白色的布料上全是白色的图案，红的布料上全是红色的图案，但是你若是仔细看，这些图案都能同布料底纹分开，后来，人们根据它的产地将这些布料命名为大马士革锦缎。稍微留心一下，也许你就会发现在你家餐桌上或床上就有一些布制品是由大马士革锦缎制成的。在美国同样有大马士革锦缎制品销售，不过不是手工的，而是机器制造的。

大马士革过去还制造一种用来装饰剑的铁饰品，饰品上又配以金或银作为点缀。这种饰品的流行同大马士革曾经盛产刀、剑有关。大马士革的剑异常锋利，简直是削铁如泥、吹发可断。如今，除非是出于炫耀或装饰，否则是看不见有人再带剑了。剑只适合将士们近距离搏斗，如今可是现代化远程作战的时代，它自然就派不上用场了。

巴勒斯坦位于叙利亚的南边。是不是你还记得我在前面说过巴勒斯坦是"圣地"的意思？巴勒斯坦在地图上包括的地区很多，但是标注出来的地名却很有限，仅仅是一些比较重要的地区。要是将所有的地名一一标出，可能整个地图都要被文字填满了。

巴勒斯坦的面积特别小，它最北的城市叫达恩，这个名字听起来像是在叫一个小男孩。最南的城市是贝尔谢巴。巴勒斯坦人口中的"自贝尔谢巴到达恩"的意思就是从国家的南端到北端或者是从起点到终点。贝尔谢巴和达恩相距 240 千米，就是说，这个国家的南北两端仅仅相距 240 千米，东西大约有 80 千米。若是乘车，仅需一天的功夫就能将巴勒斯坦游个遍。

巴里斯坦的南北两边都有湖，但人们却叫它们海。北边的是加利利海，南边的是死海。死海因水中没有生物可以存活而得名。

加利利海内的鱼类资源十分丰富，很多人以捕鱼为生。据说耶稣曾经就在这儿结交了许多渔民朋友。有一次，耶稣对他们说："如果你们授予他人捕鱼的技术，就有可能成为福音传教士。"这样一来，加利利地区的渔民们就自发成立了一个团体，并以鱼的形象作为团体标志。"耶稣"的英文是"Christ"，令人惊奇的是，"鱼"的希腊语单词的前两个字母也是"ch"。如今，加利利海的鱼类资源依然很丰富，不过自然灾害也很多。

加利利海的一条支流蜿蜒地注入死海，这条支流就是著名的约旦河。耶稣当年就是在这个条河里接受洗礼的，为他施洗礼的是约翰。约旦河每天都会迎来世界各地的人，在那里，你可以单独完成洗礼仪式，也可以请当地的神职人员为你施洗礼，还可以将约旦河里的"圣水"取回家给小孩施洗礼。约旦河水流湍急，迅速奔流的河水很容易将淤积在河底的大量泥沙冲刷开来，使得水质异常浑浊，这些泥沙也会伴随着流水一起进入死海。但是令人不解的是，死海中的水质却很好，像地中海中的一样蓝。

死海处于山谷的底端，位置特别低，这就使得海水没办法往外流出。听到这，你是不是想问，死海内的河水只进不出，那海平面

变成盐柱的罗得夫人。

岂不是会越来越高，要是溢出来怎么办？其实不然，死海中的海水蒸发得特别快，蒸发的量与注入的量几乎差不多。水分蒸发后，海水的含盐量会越来越高，最后死海里的水就和大盐湖一样咸了，甚至比一般的海水都要咸。也正是如此，它的浮力很大，人掉进死海后都会漂浮在海面上，根本不用担心有溺水的危险。不过通常人们是不会在死海里游泳或洗澡的，因为这些含盐量过高的海水会刺痛眼睛和伤口，其刺激程度几乎与碘酒不相上下。死海中含盐量过高，以至于咸水鱼都没有办法在这里生长。根据《圣经》中的记述，所多玛和蛾摩拉是两个罪孽深重的城市，它们都紧邻死海。上帝打算将这两个罪恶之城彻底摧毁，但在毁灭之前，他将这个消息告知了罗得（罗得是这两座城市中唯一有道德的人），并劝告说：如果带领全家一直向前奔跑就能摆脱这个灾难，前提是奔跑的时候不能往回看。但是罗得的夫人没有把这个忠告听进去，在跑的时候止不住好奇回头看了一眼，在回头看的一刹那立刻变为了盐柱。要是你有机会去死海参观，当地的导游就会指着一堆盐说："看，它的前身就是罗得夫人。"

第 *49* 章

准确地点

　　巴勒斯坦有三个地方很有名。首先，是耶稣出生的地方；其次，是耶稣成长的地方；最后，是耶稣离开这个世界的地方。 耶稣出生的地方叫伯利恒，是个脏兮兮的小村子，跟我们在画上和卡片上看的一点儿都不像。卡片中的伯利恒，好像是个天堂，还有天使在飞翔。

　　当年，耶稣的父母外出旅行经过伯利恒，就在这个地方生下了耶稣。后来，人们在耶稣出生的地方建起了一座大教堂，还在他出生的"准确地点"上添了一颗银色的星星。虽然说是"准确地点"，可事实上根本就没人知道耶稣到底是在哪个位置出生的。不过，有一点可以明确，就是人们在这里建的教堂的确是世界上最早的。

　　耶稣出生后并没有一直生活在伯利恒，他在拿撒勒生活了很久，这是巴勒斯坦另外一个小镇子。耶稣的爸爸是个木匠，名叫约瑟。在拿撒勒现在还有约瑟的木工作坊，当然，那是导游说的。导游还指着店里的工作台，跟游客们说，耶稣经常在那儿帮爸爸干活。还有旁边的厨房，导游会说，圣母玛利亚，就是耶稣的妈妈，就是在这里做饭给耶稣吃的。他们好像什么都知道，连几千年前发生了什么事情都一清二楚。但这可能吗？怎么会有人知道那么多年前的事呢？但是，有个地方我们能确信，那就是圣母玛利亚打水的井。这是为什么呢？因为那时候还没有自来水，而且镇里只有这一口井。

　　第三个出名的地方是耶路撒冷——耶稣就是在这里离开世界的。在基督徒的眼中，耶路撒冷是一座"圣城"，而且，不只基督徒，

圣母玛利亚打水的井。

连伊斯兰教的信徒们也称耶路撒冷是"圣城"。不过，这不是因为耶稣，而是因为穆罕默德曾经也在这里生活过。伊斯兰教徒和基督教徒一样，都相信他们信奉的主是在耶路撒冷上了天堂。耶路撒冷被伊斯兰教徒占领了一千多年。基督徒们无数次想把他们的"圣城"抢回去，他们组建了军队，一次次攻打耶路撒冷，但基本上都被击退了。即使某次他们很幸运地抢占了耶路撒冷，也会被伊斯兰教徒迅速地夺回去。这种你争我抢的局面持续了几百年，直到第一次世界大战后，英国人把耶路撒冷据为己有。

可能再没有一个城市能像耶路撒冷这样，一次次地被毁，又一次次地重新建起来。大卫王建造耶路撒冷的时间比耶稣出生还早了1000年。所罗门王也把他巍峨的神殿建在这里。但是，不久之后，一些外来的人就抢占了耶路撒冷，他们先摧毁了这个地方，然后又重新建了一个耶路撒冷。曾经有人统计过，总共有8个耶路撒冷，每一个耶路撒冷都是在前一个被摧毁之后重新又建立起来的。所以，已经没人知道《圣经》中的故事究竟发生在什么地方了。

据说，亚当的墓就在耶路撒冷，人们已经发现了它。读过《圣经》的人都知道，这个世界上诞生的第一个男人就是亚当。据说耶稣的墓也在耶路撒冷，墓旁边还有个小洞。当年耶稣被绑在十字架上，这个洞就是十字架插在地上的痕迹。墓的附近有个大教堂,叫"圣墓教堂"，而耶稣当年升天的"橄榄山"就位于耶路撒冷的城外。

伊斯兰教徒认为穆罕默德也在耶路撒冷升了天，为此他们建了

"奥玛清真寺"，巧合的是，这座清真寺离圣墓教堂非常近。奥玛清真寺虽然算不上是真正的清真寺，但是，比其他清真寺都好看，也比圣墓教堂漂亮。奥玛清真寺的外墙上镶嵌了一层闪闪发亮的大理石和瓷砖，上面还有一个圆圆的顶。

在古代，巴勒斯坦有一个习俗，就是把牛放在巨石上献给上帝。时至今日，这块用于祭祀的石头仍然在，它就位于奥玛清真寺的下面。据说，上帝为了试探亚伯拉罕是否虔诚，命令他将自己的儿子放在石头上献给他。亚伯拉罕就真的把儿子放在石头上，准备杀死。幸好上帝及时派出一名天使阻止了亚伯拉罕。穆罕默德也是在这里升天的，当时若不是天使长加百列及时发现，这块石头也差点浑水摸鱼，一起进入了天堂。现在这块石头上还留有一些印记，导游们说，那是天使长加百列按住石头时留下的指印。

公元前6世纪，所罗门神殿被大火烧毁，只留下几块断壁残垣。后来，人们以这些遗迹为地基，在上面建起了一道墙。这道墙就是赫赫有名的"哭墙"，为什么要叫这个名字呢？因为犹太人经常到这里哭泣，悼念他们被古罗马侵占的国家，希望有朝一日能够重新夺回属于自己的土地。

以色列同时拥有了全世界最古老的城市和最年轻的城市——耶路撒冷和特拉维夫。特拉维夫是以色列的政治中心，拥有现代气息十足的建筑和街道，干净整齐。

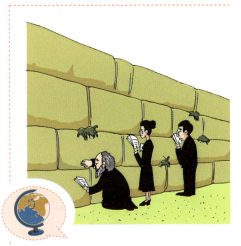

传说中哭墙不倒是因为6位天使在耶路撒冷圣殿被毁时，坐在这堵墙上哭泣，他们的泪水润湿了墙壁，让石缝黏结得更紧，所以哭墙才保存至今。

第 50 章

伊甸园

我想，每个人都听说过伊甸园。小时候我就梦想有一天能到伊甸园一探究竟，看看那个拿着剑的天使是否真的存在。关于伊甸园在哪里的问题，我曾经问过学校老师，他们只说在《圣经》里。他们才骗不倒我呢！人们找了那么久，也只是找到了伊甸园留下来的废墟，而且现在看来，这个伊甸园根本不是我们想象中的天堂，甚至连花园都比不上。

到了大马士革，如果你向别人打听去伊甸园的路，别人一定认为你疯了。但是，如果你足够幸运，遇见一个真正识路的人，他就会如实告诉你："过了沙漠，一直朝着太阳升起的方向走，就会看见一条浑浊的河。到那儿的距离非常远，如果骑骆驼，要花一个月的时间；如果开车，也要一个星期左右。那条河叫做幼发拉底河，过了那条河，再走一段就能看见另一条河，就是底格里斯河。沿

伊甸园

着河不停地往下游走，一直走到它们交汇的地方，就找到伊甸园了。"

如今，幼发拉底河和底格里斯河的交汇处满是淤泥，怎么也想象不出那里曾经有过一座花园。尽管如此，大家还都相信那里曾经就是伊甸园的所在地，甚至还有人把那里的一棵枝叶稀疏的苹果树当成亚当和夏娃偷吃禁果的那棵。人们还说，那场毁灭世界的大洪水就发生在幼发拉底河和底格里斯河交汇的山谷里。这条山谷叫做"美索不达米亚"，"不达米亚"就是"河"的意思，"美索"是"在……中间"的意思，合起来就是"在河流之间"。诺亚曾经就生活在这条山谷里，他在洪水暴发之前就造好了方舟。整个山谷被淹没以后，他便坐着方舟逃走了。现在这个山谷叫做"伊拉克"，你在世界地图上很容易就能找到它。

在耶稣诞生以前，这个地方曾经有两座世界上最大的城市。一座叫尼尼微，在底格里斯河旁边；另一座叫巴比伦，在幼发拉底河下游。后来这两座城市都消失不见了。

你有没有过这样的经历？好不容易在沙滩上堆起了一座"小城市"，有"房子"，有"街道"，但是，一个坏孩子突然跑过来，把这些全都踩烂了。以前，在这两座城市里有很多很多漂亮的建筑，其中就有巴比伦的"空中花园"，它是"世界七大奇迹"之一。但是这些建筑是不是也跟那些"房子"和"街道"一样，被一只巨大的脚踩烂了呢？反正，现在是看不见这些东西了。不过，考古学家还是在这里发现了很久之前人们用过的盆盆罐罐。

在这些城市消失以后，人们又在原地陆陆续续建了许多新的城市。其中有一座叫摩苏尔，它是一座伊斯兰教城市，里面有座塔非常出名。这座塔位于清真寺内，斜斜的，和比萨斜塔一样，而且它至今仍在不停地变斜，这点也和比萨斜塔一样。传说这座塔是向路过的默罕默德行礼鞠躬后就再也直不起腰了。

除了这座塔，摩苏尔最出名的就是石油了。早在 20 世纪初期，

人们就在这里发现了丰富的石油资源，足够当时世界上所有的汽车使用了。后来人们在地下铺设了输油管道，把这里的石油源源不断地输送到土耳其，然后在土耳其把石油装到油轮上，运到欧洲，还有美国。

阿里巴巴的故事应该都听过吧？故事发生的地点就在巴格达，底格里斯河的旁边，那里的人个个都像刚从《一千零一夜》里出来的。巴格达的夏天非常热，有时候温度会达到 50 摄氏度，我们都知道，到了 40 摄氏度，人就受不了了，要是 50 多摄氏度人就会有生命危险。英国人在第一次世界大战以后就占领了伊拉克和巴格达，他们给当地带来了很多新鲜事物。他们让当地人选了一个国王，把伊拉克变成一个王国。然后又在巴格达建起了一条宽阔的大街，叫"新街"，他们还带来了电灯和造冰工厂等一些以前巴格达没有的东西。

第 **51** 章
故事中的国家

你能一整天都不沾一滴水吗？应该不可以吧。如果不吃东西，我们大概可以活几天或者几星期，但是如果不喝水，我们连一个星期都活不下去。要是你生活在一个缺水的国家，那里没有河，没有湖，没有雨，甚至没有喝的水，那该怎么办呢？下面我将要说的就是这么一个缺水的国家。但是这个国家四面都是水，只不过是咸咸的海水，根本就不能喝。在这个国家，人们只能住在几个稍微湿润点的地方，也就是绿洲里。这个地方的人都吃什么呢？我们平时吃的黄油和面包，他们是不吃的。他们喜欢吃海枣，海枣树的根扎得很深，因为越深就越有可能接触到水分。在家里他们一般会养骆驼，因为骆驼不怕苦、不怕热、不怕旱。除了骆驼，他们也养山羊、绵羊和马。他们养的马比我们常见的马的个头要小一些，但是跑起来却很快。有人说这里的马是全世界跑得最快的马，美国人跑马比赛时用的马就是从这里运过去的。

说了这么多，你猜到这是什么地方了吧，我们在故事里经常听到这个国家的名字——阿拉伯。阿拉伯人喜欢听故事，这一点和小朋友们一样。据说在很久以前，有一个阿拉伯的国王喜欢杀人，他每天都娶一位新娘，然后第二天就把刚刚娶过门的新娘杀掉。后来，有一位新娘非常聪明，她在第一天晚上给国王讲了一个故事，故意把结局留到了第二天，国王想知道故事的结局，就没有处死她。第二天新娘又讲了一个故事，同样把结局留到了下一天。就这样，王

阿拉伯人的马和羊。

后一共讲了一千零一个故事。最后国王深深地被这些故事吸引住了，他放弃了杀人，和王后过上了幸福的生活。后来，这些故事被人们收集了起来，成了《一千零一夜》，现在这本书在世界各地都大受欢迎，你可以在任何地方听到用各种语言讲述的《一千零一夜》。

上次去巴勒斯坦时，我们说到了穆罕默德，他就出生在阿拉伯的麦加。年轻时，给一家人赶骆驼，这家的主人是个很富有的寡妇，她爱上了穆罕默德，然后和他结了婚。后来，穆罕默德成了真主的信徒，劝导麦加人要敬仰真主，但遭到了麦加贵族们的强烈反对。为此，他们先对穆罕默德加以讥讽和责难，最后强迫他离开了麦加城。不过幸运的是，有一个叫麦地那的小城接纳了他，不久，穆罕默德就在麦地那说服了一大批人，劝导那些人改信他宣扬的教义，这就是伊斯兰教的起源。和基督徒们一样，伊斯兰教徒们也把他们主的诞生地视为自己宗教的"圣城"，所以在他们心中，麦加是最神圣的地方，也是世界的中心。除了麦加，麦地那也是伊斯兰教的圣城。除此之外，我们前面说到的耶路撒冷也是伊斯兰教的圣城。每一位伊斯兰教徒都希望一生中能到圣城麦地那做一次祷告，因为他们觉得在世界其他地方做上一千次也不如在麦地那做一次那么灵验。

　　和基督教一样，伊斯兰教也有戒律。不过基督教有十条，而伊斯兰教只有四条。 这四条戒律的第一条就是每天必须做五次祷告；第二条是，如果遇见乞丐，必须要施舍东西，不管给多少，一分钱也行；第三条是，每年必须斋戒一个月，和基督教的斋戒节一样；第四条是，每位伊斯兰教徒一生中必须去麦加"朝圣"一次，这也是每个伊斯兰教徒的愿望。以前，有个信仰伊斯兰教的国王哈伦，就曾经从巴格达走到麦加去朝圣，不过在路上铺了毯子。

　　你见过流星吗？流星发出来的光其实就是陨石燃烧的火焰。通常，陨石还没有落到地球上就已经燃烧完了，但是在麦加的一座清真寺里供奉了一块很大的陨石。伊斯兰教徒相信这块石头具有灵性，只要亲吻一下它，自己的罪恶就会被这块石头吸走，然后自己就可以进入天堂了。这块石头黑黝黝的，伊斯兰教徒们说，它本来是白色的，但是在吸收了众多亲吻者的罪恶后，就变成了黑色。以前，麦加和麦地那作为伊斯兰教的圣城，外人是不能随便进去的，只有伊斯兰教徒才能到那里去朝圣。现在，麦地那和麦加之间有汽车穿梭，而大马士革和麦地那之间已经通了铁路。

　　我们之前到红海和黑海游了一圈，现在就说一说红海，红海在阿拉伯附近。红海和地中海本来是隔着陆地的，后来人们挖通了一条运河，这条运河就是"苏伊士运河"。有了这条运河，从欧洲到印度洋和西太平洋就有近路可走了。

　　在这条运河开通以前，如果坐船从欧洲到亚洲，必须绕过非洲最南部的好望角。开通了以后，大部分船都可以从苏伊士运河通过，大大缩短了航程。这条运河在埃及境内，第二次世界大战时，英国人抢夺了运河的控制权。后来，在1956年，应埃及人的强烈要求，英国人不得已才将这条运河主权还给了埃及。

　　红海边上还有一座特别干旱的城市，就是亚丁，人们称它为"东方

的直布罗陀"。英国人曾经占领了亚丁很多年，因为只要占领了这里，就可以控制红海，不管哪个国家的船，想要渡过红海都必须得到他们的同意。1967年，亚丁被南也门夺回，成为这个国家的首都。英国人不仅控制过红海，从大西洋到印度洋上的三条海路——直布罗陀、苏伊士、亚丁，都曾经是英国人的地盘。

亚丁和阿拉伯一样，没有河，没有湖，没有雨，连喝的水都很难找到。后来英国人想了一个办法，他们把海水煮开，然后把蒸发的水汽收集起来。因为盐不会随水一起蒸发，所以，收集起来的水就是可以喝的淡水。

阿拉伯好像离我们很远，我们从没有见过这样没有河、没有湖、没有雨的地方，而且不管它怎么干旱好像跟我们一点关系都没有。但是，想想看，如果没有阿拉伯人，我们就听不到《一千零一夜》的故事了。

第 **52** 章

波斯猫的故乡

　　波斯猫，那种个头很大、毛发浓密柔软、体型漂亮的动物，你见过吗？现在，我们就到波斯猫的故乡——波斯去旅行。

　　说是去旅行，其实波斯这个国家早就不存在了。它曾经是世界上最大的国家之一，而现在，很多人根本不知道它在哪儿。至少，我们在地图上是找不到"波斯"这个地方的。其实，在波斯语里，"波斯"就是伊朗。所以，再翻开地图，你就知道波斯在哪儿了吧。在准备带大家去波斯旅行之前，我以为家里没有一件从波斯来的东西，翻翻才发现原来我家有十几件东西跟波斯有关。

　　第一件就是我脚底下踩着的地毯。它是用羊毛编的，有着非常漂亮的花纹。据说，一条这样的地毯，波斯人要花几个月甚至几年的时间才能编完。还有人说，有个波斯人为了编出一条无比精美的地毯，花了一辈子的时间。

　　除了羊毛地毯，波斯还产丝绸。波斯人养蚕，用蚕丝纺成线，然后染成不同的颜色，再织成各种丝绸披肩。我妻子就有一件波斯出产的披肩，不仅非常漂亮，而且手感也很棒。

　　我妻子手上还有一颗波斯产的绿松石戒指。在一些东方国家里，人们认为有些人的眼睛非常邪恶，只要被他看一眼，就会厄运缠身。如果戴上绿松石，就不怕了，它可以让厄运远离你。

　　我妻子还有一小瓶来自波斯的玫瑰精油。波斯的一些地方种植着大片玫瑰，非常漂亮。波斯人用这些玫瑰的花瓣炼制出精油，然

后再制成香水。

而我，则有一颗波斯产的珍珠，它就镶嵌在领带夹上面。波斯湾海底有很多牡蛎，这些牡蛎能培育出很多美丽的珍珠。

我桌子上有一盏台灯，虽然它不是波斯产的，但跟波斯也有关系：台灯的名字叫马兹达，是一个波斯神灵的名字。

我有一本书叫《鲁拜集》，作者是波斯诗人欧玛尔·海亚姆。

我早餐的时候会吃一种瓜，这种瓜最早产自波斯。后来，瓜的种子被人千里迢迢地从波斯带到了美国，我们才开始种植。还有一种我们爱吃的东西，也来自波斯，那就是桃子，跟南瓜一样，它最早也产自波斯。

如果再养一只波斯猫，我家就可以成为"波斯特产博物馆"了。可惜的是，我只养了一条狗，没有猫。

以前，伊朗的国旗上有一只狮子，狮子的背后是太阳。为什么会在国旗上放狮子，我想不明白。不过我可以告诉你为什么画太阳。伊朗被叫做"狮子和太阳的土地"，那里的人非常崇拜太阳，把太阳当成自己的神。除了太阳，他们还崇拜星星、月亮、火，所以我们经常把波斯人叫做"拜火教徒"。他们信奉的神就是"马兹达"，还记得吗？这就是我家里那盏台灯的名字。他们觉得所有光明的东西都是善的，所有黑暗的东西都是恶的。不过现在伊朗的拜火教徒已经很少了，大部分人都信伊斯兰教。

伊朗拥有世界上最奇怪的河。我们国家的河都是从上游往下游流，河面会越流越宽，但是伊朗的河则越流越窄，直到消失。除了河流，伊朗还有许多冰雪融化后形成的小溪。这些小溪也和河流一样，越流越窄，直到干涸。但在这些河流或溪流的岸边，种植着大量的玫瑰花、南瓜和桃子，十分漂亮。

你曾经猜过字谜吧？我给你出几个来猜猜看吧。第一个字谜是由一个场景构成的：一个小男孩从一间屋子里跑出来，然后指了指

第57章

波斯猫的故乡

自己。猜到谜底了吗？答案就是伊朗（我：I，跑：run，伊朗 Iran 的发音就是由这两个音合起来的）。下一个谜语共有两个场景：首先，两个小女孩在喝茶，然后一个小男孩从屋子里跑过。你猜到答案了吗？准确答案是伊朗的首都德黑兰（茶：tea，跑：run，德黑兰 Tehran 的发音就是将这两个音合起来）。

波斯的统治者叫做"沙"，而不是我们惯常叫的"国王"。以前，"沙"的权力非常大。他可以命令波斯国的任何一个人，让他们做任何事，还可以随意拿走别人的财产，甚至下令杀人。现在，这些情况当然不会出现了。

伊朗盛产珠宝。德黑兰有一座纯金的"孔雀王座"，它是世界上最有名的珠宝王座。它的靠背被做成孔雀尾巴的样子，上面嵌满了各种宝石，这些宝石大部分都是从地底下挖出来的。也有一种宝石产自水中，那就是珍珠。珍珠是由进入牡蛎内部的沙子形成的，所以每颗珍珠里面都有一粒沙子。珍珠形成的时间十分漫长，一般黄豆大小的珍珠需要四五年时间才能形成。伊朗拥有世界上最漂亮的珍珠，但是，把珍珠从水底捞上来是件很辛苦的事。采珍珠的人需要吸一大口气跳到水里，然后用最快的速度潜入水下，实在憋不住了，才浮上来换口气，然后再接着下去。你试过憋气吗？我们一般人只能憋半分钟，但是这些专门采珍珠的人可以坚持一分多钟。有个小男孩自称见过采珍珠的人，他写道："他们在下水之前，先用衣夹夹住鼻子，用石蜡封住耳孔，这样水就不会漫进鼻子和耳朵里了。弄好这些后，他们就在脚上绑一块石头，然后跳下水收集牡蛎。"小孩子是多么天真啊！这些采珍珠的人要真是这样做，下水之前就被憋死了。其实，每年都有很多人因采珍珠而丢了生命，有时候是因为撞破了血管，有时候是因为溺水，有时候是因为被鳐鱼咬伤中毒。每年伊朗能出产价值数百万美元的珍珠，它们大部分都是由这些采珠人冒着生命危险采集来的。

第 **53** 章

我们脚底下的国家（上）

  在我家附近,有一条盖着玻璃的街道,街道下面是一家地下超市。在超市买东西的时候，我一抬头就可以看到上面行人的脚。我一直在想，如果地球也是玻璃做的，我们一低头不就能瞧见生活在我们对面的那些国家的人了吗？在地球上，与美国对着的是印度，它的

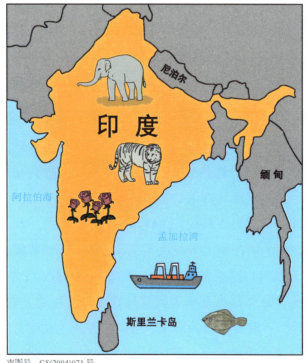

审图号　GS(2004)071号

美国人"脚下"的印度。

216

我们脚底下的国家（上）

形状像一块烧饼。如果一个美国人从美国出发想做环球旅行的话，走到地球周长的一半时，就会正好到达印度。接着向前走，再走同样的距离，就又会回到美国。我曾经和一个朋友约定同时启程到印度，他朝东走，我朝西走，最后在印度会合。我很快到达了加尔各答，然后在码头顺利地与我的这位朋友相会了。我们在加尔各答旅行的时候，一起买了印度的特产——卡利卡特，一种印花棉布。因为这种印花棉布产自卡利卡特，所以才有了这个名字。

提到印度人，大家可能都会想到印第安斧子、五颜六色的羽毛，还有打仗时涂满颜料的身体和脸。其实，你脑海里想到的这些人根本不是印度人，而是美国的印第安人。印第安人是很早以前就在美国生活的红种人，后来白人到了美洲，成了那里的主人。

印度人和美国人都是白种人，但印度人比美国人多很多，几乎相当于四个美国的人数。哥伦布当年就是为了寻找印度人才航海旅行的。但是，他没有找到印度，而是到了美国。但是，他以为那里就是印度，所以就把那里的人叫作印第安人。后来，人们才搞清楚，哥伦布误导了大家，印第安人不是印度人，他们生活的地方也不是印度，而是一片新大陆。

印度，虽然也在亚洲，但是它和其他亚洲国家之间隔着世界上最高的山脉——喜马拉雅山脉。喜马拉雅山脉还拥有世界上最高的山峰——珠穆朗玛峰。很少人能登上这座山的峰顶，那我们怎么知道它是世界上最高的山峰呢？有个英国科学家就测出了这座山的高度，它有8848.43米高。因为它实在是太高了，所以上面的积雪终年不化。

很多登山爱好者都想登上珠穆朗玛峰的山顶，他们做了许多尝试，但是，很多人都失败了，有些人甚至永远被埋在了这片雪域中。为什么会如此艰难呢？因为珠穆朗玛峰实在是太高了，空气也极为稀薄。到了那里，我们只有借助氧气瓶才能呼吸。不然的话，走几

珠穆朗玛峰是世界上最高的山峰，位于中国和尼泊尔交界的喜马拉雅山脉上，山峰的最高处位于中国的西藏境内。珠穆朗玛峰是中国最美的、最令人震撼的十大名山之一。

步就要停下来。你见过小狗气喘吁吁的样子吗？我们到了珠穆朗玛峰也会那样。曾经有几个勇敢的英国人，他们爬了几个星期，终于快要登上山顶了，然而就在这个时候，突然发生了雪崩，他们全被埋在了雪下。据当地人说，有一位女神住在山顶，她不喜欢有人打扰，所以只要有人爬向山顶，她就会设法把人拦住，甚至把这些人全部杀死。直到1953年，女神的魔咒才被破除，有两位登山者从东南山脊成功地登上了山顶。

在喜马拉雅的另一头有一座漂亮的山谷，叫"克什米尔溪谷"。那里的湖泊清澈透明、山峰白雪皑皑，更吸引人的是，那里还有遍地的玫瑰花田。有位诗人曾经这样赞美它："还有谁没有听说过克什米尔溪

我们脚底下的国家（上）

谷吗？那里盛开着全世界最美的玫瑰。"这里与底格里斯河和幼发拉底河交汇处的那块淤泥地相比，更像是传说中的伊甸园。

　　印度旁边有两个奇怪的国家，它们分别位于印度的两侧，但是有一个共同的名字。这是为什么呢？其实，这本来就是一个国家——巴勒斯坦，只不过是被印度拦腰截断，分成了两个部分。巴基斯坦原本属于印度，是英国的殖民地。印度人不想一直被英国人统治着，于是印英之间达成了协议，英国人撤离了印度。印度人本来很高兴拥有了自己的国家，但他们也有新的烦恼。因为在印度人中有信印度教的，也有信伊斯兰教的，而印度教徒人数众多，如果成立国家，那么他们一定会占据统治位置。伊斯兰教徒们很不希望看到这种局面。他们本来就互相攻击，现在斗争就更激烈了，为此，双方差点发动了战争。最后，他们达成了协议，成立了两个国家——信仰伊斯兰教的巴基斯坦和信仰印度教的印度。对巴基斯坦人来说，他们的国家就像是两栋独立的房子，一栋当厨房用，一栋当卧室用，但这并不影响平时的生活。（1971年，东巴基斯坦宣布独立，成立孟加拉国。——译者注）

第**54**章

我们脚底下的国家（下）

　　美国由很多州组成，印度也一样，不过印度的州的首领叫拉甲。拉甲们喜欢金银财宝，比如钻石、珍珠等等，他们的兴趣就是收集各种各样的宝石，就好像我们喜欢收集各种漂亮的石头一样。当然啦，他们随便一件珠宝都比你的收藏贵几百万倍。我们一直以为，只有女孩子才喜欢戴那种亮闪闪的珠宝，其实不然，在印度，拉甲们出门也要戴上一大堆珠宝，有珍珠、红宝石、蓝宝石、绿宝石。而且，拉甲们出门都要乘坐大象，大象上放有宝座，他们必须借助梯子才能爬到大象背上。

　　印度人很崇拜大象，他们认为大象是神圣的动物，射杀大象是违法的，直到现在印度还有很多野生大的象。印度人捕捉大象是这样的：先圈一个栅栏，然后几百人围成一个圈儿，把大象围在中间，吹喇叭、敲鼓，发出各种怪声音吓唬大象。大象一跑，就正好闯入人们事先布置好的围栏里，这样，直接把围栏的门关上就可以了。捉住大象很容易，但是想驯服

拉甲和大象。

它就难了,因为有些大象性情暴躁,经常把驯象师活活地踩死。但是,一旦大象被驯服,就会非常温顺,能帮人做许多事情,比如用鼻子卷起木头,搬到火车和轮船上。在印度人的生活中,大象简直和阿拉伯人的骆驼、欧洲人的马、美国人的汽车一样重要。

除了大象,印度还有一种很厉害的动物——老虎。印度的老虎通常生活在丛林之中,它们饿了就会去附近的村子觅食,吃掉村民们的牲畜,有时也吃人。拉甲们非常喜欢打老虎。在打老虎之前,拉甲的仆人们会先找一棵大树,在上面搭起一座平台。拉甲和他的亲信们就站在平台上等着。仆人们分散开,到处敲锣打鼓把老虎赶出丛林,赶到平台附近。拉甲看到老虎离得近了,就伺机射箭,把老虎杀死。杀死老虎后,他们还会剥掉老虎的皮,铺在宫殿的地上和墙上。

印度的大部分人都信奉印度教。除了印度教,印度还有一百多种别的宗教。印度教教徒们相信人死后,灵魂会重新回到这个世界,附在新生的孩子和动物身上。所以,他们把动物视为自己的同类,友善地对待它们。而且,他们还相信,好人来世会有好报。活着的时候多做好事,死后就可以迅速地转世再生,成为有钱人或者善良的动物。要是作恶多端,来世就会变成一无所有的穷人或者邪恶的动物。根据印度教的说法,有时我就在想,我家那条整天只会摇尾巴的小狗上辈子会不会就是印度的一个拉甲?

印度的城市有很多,其中有个大城市叫孟买,那里很繁华,和伦敦、纽约没有什么区别。

如果我们到印度旅行,一定要去阿格拉看一下。它是印度北部的一个小镇,那里有两栋建筑。其中一个是泰姬陵,它是一位伊斯兰王子为自己深爱的妻子盖的。我曾经参观过泰姬陵,而且是在夜里。就是因为贪看泰姬陵,一脚踩空掉进了水池。幸好,那里的水只有膝盖深,我只是脚踝扭伤,没有大碍。泰姬陵是很漂亮,但印度还有比泰姬陵

建造泰姬陵的王子就是沙贾汗，他的爱妻就是阿姬曼·芭奴。当你看到这座美丽的建筑时，千万不要以为它是什么宫殿、城堡，看看它的名字你就知道了，它其实是一座陵墓。

更漂亮的建筑，那就是和泰姬陵位于同一个小镇的珍珠清真寺。虽然我没有见过天堂中的建筑，但在我的想象中，珍珠清真寺的美超过了所有建筑，甚至比天堂中的建筑还要美！

印度国内虽然没有几条河，但每条河都非常有名。有一条是印度最长的河——恒河，它位于印度的东部。恒河的河口很多，上次我跟朋友会合的加尔各答就是其中一处。恒河的大部分河口都在巴基斯坦，但是，加尔各答在印度境内。印度教徒崇拜恒河，所以他们在恒河岸边建了一座类似"圣城"的地方，叫瓦拉纳西。每天，印度教徒们会络绎不绝地前往瓦拉纳西，在那里的恒河水中沐浴，

我们脚底下的国家（下）

洗净自己身上的罪恶。恒河岸边铺着一阶阶石梯，一直延伸到河水中间。印度教徒们沿着石阶，走到齐腰深的地方，用碗舀起"圣水"，从头顶径直浇下来。印度教徒们不畏惧死亡，但是，在死之前，他们一定要去恒河沐浴一次，因为他们认为只有洗净自己今生的罪恶后，转世后才会幸福。

根据印度教的传统，人死后要火化，而不是埋到地下。瓦拉纳西的恒河边，经常有印度教徒在焚烧尸体，所以岸边有很多专门出售木头的小摊。没钱的人家在给亲人举行葬礼时连木头都买不起；而有钱的人家，在焚烧尸体时会大摆排场，买很多很多木头。

每年，在印度都有很多人被饿死，有人说这是因为印度的人口太多，他们生产的粮食往往不够吃的。但拉甲和那些有钱的印度人个个都吃得脑满肠肥，肚大腰圆，穷人们却一个个饿得瘦骨嶙峋。在印度，有钱人聚敛钱财，养尊处优；穷人却连亲人都葬不起。

印度附近有座名叫"锡兰"（现为斯里兰卡。——译者注）**的小岛，那里拥有全世界规模最大的珍珠养殖场，拉甲的很多珍珠都是从那里弄来的。**我也在当地买了一颗黑珍珠，据说它能给主人带来好运。不过，我跟拉甲们可不一样，我不会把珍珠随时戴在身上的。

印度还有很多著名的魔术师，我在锡兰就看过一次精彩的表演。在开场之前，魔术师先让妻子蹲在一个篮子里，拿一块布蒙上篮子，然后魔术师就拿着剑，从各个方向刺穿篮子，围观的人都吓出了一身的冷汗。当魔术师掀开篮子上的布后，他的妻子竟然毫发无损地站了起来，还笑吟吟地跟大家打招呼。还有一个神奇的魔术，魔术师在一个花盆里放了一颗种子，一眨眼的工夫，里面竟长出了一棵幼苗。魔术师是用什么办法做到的呢？你猜得到吗？

第55章
白色大象

　　很久很久以前，印度有一个叫乔达摩的王子。他小时候的生活十分安逸：衣来伸手、饭来张口，可以说没有自己得不到的东西。他也从来不知道贫穷是什么，一直以为天底下所有的人都和自己一样幸福。直到他第一次走出宫殿，发现世界上原来有那么多人时时刻刻都被贫穷、疾病、厄运困扰，这让乔达摩非常痛苦。他决定要把自己所有的东西都奉献出来，给那些有需要的人。他到处旅行，去帮助那些受苦的人，还给人们讲述做人的道理，告诉他们什么是善，什么是恶。这样，乔达摩赢得了众人的尊敬和崇拜，被尊称为"佛陀"，"佛陀"在印度语的意思就是"知道所有事情的人"。他的教义也成就了一个新的宗教——佛教。

　　乔达摩去世后，佛教的传播范围进一步扩大，佛教也像基督教那样派僧团到其他国家去传教。后来，很多印度人都改信了伊斯兰教，反倒是那些后来接受印度佛教教义的国家还一直信奉着佛教，那些国家主要分布在印度的东部。

　　缅甸和泰国就是两个深受印度佛教影响的国家。伊斯兰教举行仪式的地方叫清真寺，基督教举行仪式的地方叫教堂，佛教举行仪式的地方叫塔。缅甸的仰光大金塔就是世界上最庄严的塔。塔的外形有点像是把甜筒倒过来放地上，不过它比甜筒高得多，有华盛顿纪念碑那么高。塔的外面贴的全是金子，金光闪闪的，不过塔里面就是普通的砖块了。塔的旁边有几间小屋子，里面供奉着佛像。那塔里面放的是什么呢？据说是佛陀的头发！它们被精心地收集起来，供奉在塔里，接受信徒的膜拜。我们知道教堂顶端放的是十字架，清真寺顶端放的是一个月牙。那么，仰光大金塔的顶端又放的是什么呢？我想没有人能猜得到，因为塔顶放的是一把雨伞，伞上还挂着铃铛，只要有风吹过，铃铛就会叮当作响。

仰光的大金塔是一座98米高的佛塔，里面供奉着4位佛陀的遗物，据说其中有乔达摩的8根头发。塔的外面铺满了金子。它是一座神圣的塔，是缅甸人的骄傲，也是缅甸这个国家的象征。

亚洲人基本上不吃面包和黄油，他们喜欢吃大米，一日三餐都吃，而且他们在吃大米时候不加糖，也不加黄油。

缅甸人和泰国人虽然和印度人一样都信奉佛教，但是他们长得不像印度人，更像中国人。泰国原来叫暹罗，第二次世界大战以后才改名叫泰国。如果你有朋友突然改了名字，你肯定觉得很别扭，还是习惯叫他以前的名字。泰国也是如此，所以现在泰国还是被很多人叫成暹罗。

泰国现在还有国王，国王也要遵守法律，不能为所欲为。但是在以前，也就是泰国还叫暹罗的时候，国王可以做任何事。我们小时候常常把那些喜欢命令别人为自己做事的人叫做"暹罗国王"，然后不停地讽刺他。

佛教徒和印度教徒都相信人死后会投胎转世，他们相信国王死后，灵魂会附到一头白象身上，所以在泰国，人们把白象看成神圣的动物，会给国王和国家带来好运气。一旦发现白象，必须进献给国王。这些被国王养起来的白象整天无事可做。**所以，美国人管那些没有用又不能随便扔掉的东西叫"白象"。**我好朋友家就有这样一头"白象"，那是一辆破破烂烂的汽车，不能开、不能卖、也不能送人，放在家里又占地方。

白象享受尊贵的待遇，而普通的大象则要帮人类做很多事情。它们可以运人、送货，就像汽车一样；它们还会用鼻子搬木头，就像起重机一样；除了这些，它们还能像拖拉机一样帮人耕地。只要坐在大象的背上，用脚轻轻碰一下大象的侧身，大象就知道你要它做什么了。大象不仅聪明，还非常爱干净，它们每天都要洗完澡才肯干活。它们做起事来也很有规律，每天几点开始、几点休息、几点结束都很准时。

你曾经在水上见过浮起来的木头吧，你是不是觉得所有的木头都能浮在水面上？但是在缅甸有一种木头——柚木——非常重，放到水里就会下沉。缅甸人还发现了柚木的另外一种好处——它可以防止白蚁啃噬，所以缅甸人用这种木材做成家具，既结实又可以抵御白蚁，大象经常帮忙搬运这种木头。我第一次看到大象搬木头时非常兴奋，真想买一头带回家。于是，我就真的

神圣的白象。

出钱买了一头，它现在就在我桌子上。不过，你也猜到了吧，这不是真正的大象，只是一件青铜铸像。

如果你看地图的话，就会发现从泰国伸出了一只象鼻子，那就是马来半岛。新加坡就在马来半岛的最下边。现在，新加坡是个现代化的国家，可是在以前，那里遍地都是丛林，里面还有各种凶猛的动物，比如毒蛇和老虎等。为此，新加坡的主人非常头疼，想把这个小岛送人，但是又没人想要。后来，一个叫莱佛士的英国人低价买下了这座岛。英国人为什么要买下这座恐怖的小岛呢？因为新加坡旁边有一条海峡，东西方来往的船只只能从这里通过。英国人想控制所有海上的通道，先是直布罗陀，再是苏伊士、亚丁，最后是新加坡。他们把新加坡建成了一座港口城市，有很多船只前来停靠。后来日本人在第二次世界大战的时候占领了新加坡，但是战败后，又把新加坡还给了英国。

新加坡差不多是在南北两极的中间位置，也就是在赤道附近。水手们有个传统，那就是第一次经过赤道的人，必须接受海神尼普顿的洗礼。我就经历了一次这样的洗礼。那时，我刚刚走出甲板，就被一个水手扔进了水池。我急忙向上爬，结果刚爬出来，又被扔进了一条长管子里，等我再次爬出来，有人用船桨先在我背上轻拍了一下，然后把我带到了海神面前。海神身穿浴袍，头戴纸质皇冠，手执干草叉，坐在宝座上，为我颁发证书。我像是一个参加大学毕业典礼的学生，接受了证书，成了穿越赤道的人。

马来半岛旁边就是哥伦布找了很久的地方——东印度群岛和香料群岛。东印度群岛中有一座岛非常像胖胖的雪茄，叫苏门答腊岛。巧合的是，这里的特产就是制作雪茄的烟草。我听说附近的爪哇岛盛产咖啡，就到那里去寻找世界上最美味的咖啡。在品尝过众多口味各异的咖啡之后，我终于发现最美味的一种居然来自巴西。

第56章
世界上最冷的地方

　　你注意过温度计上标的度数吗？一般最低的那条线上标的都是"–40℃"，难道世界上没有比 –40℃ 更低的温度了吗？当然有，不过一旦温度低于 –40℃，温度计里面的水银就会被冻住，当然也没办法指示温度了。你知道世界上最冷的地方在哪里吗？也许你一下子就想到了北极。还有呢？那我告诉你吧，西伯利亚也是世界上最冷的地方之一，那里的温度会让所有普通的水银温度计都"失灵"。

　　我们在前面说到了"熊国"俄罗斯，西伯利亚就在这个国家的最北部。到了冬天，那里就有极夜现象，就是一天 24 小时看不见太阳。瑞典和芬兰也极其寒冷，但那里有墨西哥暖流，所以，相对来说，并没有西伯利亚那么冷。在西伯利亚，我们平时用的水银温度计都会被冻住，所以只能使用特殊的温度计。在那里生活的动物都长着厚厚的皮毛，所以不怕冻，但是人就不行了，他们必须穿上厚厚的皮衣，从头到脚都裹得严严实实的，不然就会被冻死。

　　西伯利亚分成了几个部分，并不是每个部分都那么冷。北部地区是最冷的，到了冬天连脚下的土地都会冻结，任何植物都不能生长。但是到了夏天这里又格外炎热，温度可以超过 30℃，那时候地面已经解冻，地面上会长出苔藓或者其他矮小的植物。

　　比起北部，西伯利亚的中部就暖和多了，那里拥有大片大片的原始森林，森林里生活着各种各样的动物，比如狐狸、狼、貂等。貂的个头很小，但皮毛非常漂亮，它的毛通常是纯白的，除了尾巴上的一个黑点。貂非常爱干净，总是把自己的毛梳理得油亮油亮的。猎人们经常去捕捉这些动物，然后剥下他们的皮做衣服。法官和国王这些地位尊贵的人经常穿貂皮大衣，做一件大衣通常需要很多张貂皮。

西伯利亚的南部有世界上最长的铁路——西伯利亚大铁路。它到底有多长呢？在起点莫斯科上车，你要坐两个星期才能抵达终点海参崴（那个地方也叫做符拉迪沃斯托克。——译者注）。

你坐在火车上也许会感到奇怪，因为很可能连续几百千米都看不到人烟，有时连一栋小房子也没有。但是，确实有人住在铁路的附近。你在坐火车的时候还会发现铁路两边摆着很多木头，那是火车运行时补充燃料用的，因为当地的火车是烧木头的。（如今，西伯利亚大铁路早就实现了电气化，希尔老师乘坐的烧木头的火车已经不再使用了）火车到站的时候，稍稍注意一下，你就会发现，西伯利亚的城市名字最后一个字都是"克"，鄂木斯克、托木斯克、伊尔库兹克，等等。

在西伯利亚，流传着有一个关于问路的小故事，说的是有个人在西伯利亚街上问最近的火车站怎么走，有个当地人告诉他："一直往前走40000千米，然后转身，再走两个街区就到火车站了。"

你猜，美国离西伯利亚有多远呢？几千米，几十千米，还是几万千米？其实，西伯利亚距离美国只有短短80千米，那是阿拉斯加和西伯利亚之间的白令海峡的距离。如果是童话中的巨人，抬起腿就能从西伯利亚跨到美国。有人说，生活在北美的印第安人和爱斯基摩人都是从亚洲或者从中国来的，所以他们长得很像中国人。

俄罗斯以前叫俄国，国内最高的统治者是沙皇。那些对沙皇不满的人，即使抱怨几句，也会被抓起来，放到西伯利亚的煤矿里去做苦工。很多人都无法忍受那里的恶劣环境，死了，还有人在到达之前就死去了。

第 **57** 章

太阳升起的国家

很久以前，世界上就流传着海蛇怪的故事。他们说，海蛇怪在离中国 1600 千米远的地方，身上凹凸不平，就像长了"刺"一样。海蛇怪整天都在睡觉，偶尔也会翻翻身，一翻身，"刺"就会摇摇晃晃。现在我们都知道了，"海蛇怪"就是日本，"刺"就是火山，"晃动"就是地震。"日本"这个名字的意思是"太阳升起的地方"，那里的人认为太阳是从自己的国家升起的，所以就取了这个名字。日本的国旗上画的就是红色的太阳。

日本人和中国人一样都是黄种人。曾经有段时间日本也和中国一样，禁止外国人进入。但是那时，除了中国，日本人完全不知道世界上还有其他的国家。日本人在很多方面都在模仿中国，比如汉字、筷子、佛教，等等。

直到一百多年前，日本才发生了变化。当时，一个美国海军军官拜见了日本天皇，他带了一船的美国货送给天皇。这些东西让日本天皇大开眼界，他非常想知道是什么样的国家能制造出这么新奇的东西。美国军官就趁机劝日本天皇答应让美国人来日本贩卖东西的请求，并保证他们也会买日本的东西。天皇答应了。之后，日本就不再闭门锁国，日本人也开始跟世界各国的人打交道。日本人对美国的机器非常感兴趣，于是他们派出很多才华横溢的年轻人到美国学习。这些年轻人回国后再把自己学到的东西教给国内的人。日本人非常聪明，他们很快就学会了世界上各种各样的新技术和新知识。

★第57章★
太阳升起的国家

日本人擅长模仿，他们的第一件成功的仿制品就是"人力车"。"人力车"最初是一位美国水手为妻子做的婴儿车，可以让人在前面拉着跑。（当时，雇一个人拉车比买一辆马车还要便宜。）这种车在日本非常受欢迎，在很长一段时间内，日本的大街小巷里跑的都是人力车。后来，中国人也大量制造这种车。人力车车夫拉着客人往前跑的时候，你会发现车夫的上半身被车身挡住了，只有飞快移动的车子和下面的两条腿，看上去像是车子自己长了两条腿跑了。

日本人喜欢穿和服，这是他们的传统服装。如果你没有见过和服，那我告诉你，它看上去有点像你妈妈或姐姐的睡袍。

日本有两个节日是专门为小孩子举行的，其中一个是小女孩的三月三日"偶人节"。那天，女孩子们为了庆祝节日，会拿出自己所有的偶人，一起嬉戏玩耍。另外一个是男孩的五月五日"风筝节"，在那天，家家户户都会挂起鲤鱼风筝，为家里的男孩子祈福。他们认为，鲤鱼在逆流中也不退缩，精神可嘉，他们想让男孩子也学会鲤鱼的精神不惧困难，迎难而上。

日本人热爱花草树木，他们有专门为赏花

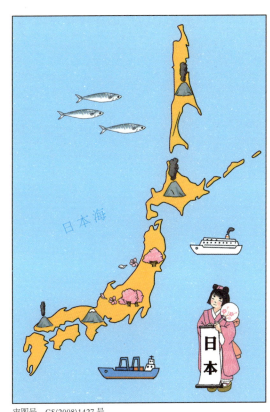

审图号　GS(2008)1427 号

海怪模样的日本。

而设的假期，春天赏樱花、李花、桃花，秋天赏菊花。日本人的住宅无论大小，都会附一个小花园，里面有各式假山、池水、小桥，非常精致。日本人还爱好制作盆栽，那是一种长在花盆里的微型树木，一般只有 30 厘米高。但是单看照片，你可能会以为它们是百年以上的参天大树呢。

日本人很爱学习。有一次，我在商店里欣赏他们美丽的雨伞时，有一个日本男孩走过来问我需不需要免费的导游。

我非常奇怪："你是想向外国人展示一下自己的家乡吗？"

他说："不是的，我只是想练练英语。"

我在参观日本学校的时候，很多男孩告诉过我他们的地址，让我回国后联系他们。他们还纷纷保证说，收到我的信后，会试着用英语给我写回信。

第 **58** 章
明信片

　　我回到美国后，马上就给男孩们寄去了我精心挑选的明信片，这几张明信片主要是华盛顿的国会大厦、尼亚加拉大瀑布、还有纽约的高楼。我觉得这些明信片很有代表性，可以让他们对美国多一些了解。没过多久，男孩们都如约回信了，他们在信里给我画了最具有代表性的日本景物，还夹了一些印有这些景物的明信片。

　　有一座山出现了三次，那就是日本人非常喜欢的富士山。日本人喜欢在很多东西上都印上富士山，比如折扇、盒子、碗碟、雨伞、灯笼、屏风，等等。在日本，即使是当红的大明星，也没有富士山的图片这样有人气，这样随处可见。

　　还有一处景物是巨大的青铜佛像，它位于一片树林之中。这尊佛像巨大无比，据说它的一根大拇指上就可以坐五六个人。大佛的眼睛是黄金做的，有一米长；前额的球是用白银做的。这尊佛像不是普通的景观，而是日本人情感的寄托。

　　除了富士山和青铜佛像，其他的图画有：

东京街景

　　东京是日本的首都，也是日本最大的城市。东京和我们的城市完全不一样，他们的房子很矮，一般不超过两层，而且都是用木头做的。为什么会这样呢？前面我们就说了，日本的地震很频繁，小地震几乎每天都有，大地震也会时不时地发生，楼若是盖得太高的

上：相扑、和式房屋；中：富士山、三只木雕猴、东京夜景；下：青铜大佛、鸟居、石灯笼。

话很容易倒塌，用木头则会安全一些。但是，木头本来就容易着火，再加上那时候又没有电，取暖用的炉子和照明用的蜡烛很容易引起大火灾。现在，日本已经变了样，他们发明了新技术，可以防止高楼被震塌，所以两百米以上的高楼到处都是。这些房子为什么就不怕地震了呢？原来它们不是直接建在地面上，聪明的建筑师先在地底下筑起厚厚的水泥地基，然后再在上面盖房子，这样建起来的高楼就不怕地震了。

明信片

和式房屋

日本人建成房子之后，就用纸糊窗户，用草席盖地板。在美国，我们根据房间的大小买地毯，但是在日本，他们根据草席的大小划分房间。因为在日本，所有的草席都一样大。日本人说起自己的房间时，总会说有几张草席，而不用别的说法。日本人很爱干净，他们进屋之前都要脱掉鞋子。他们在屋内穿的袜子也非常怪，就像我们戴的手套一样，各个指头是分开的。

日本人不坐椅子，喜欢席地而坐，事实上他们的房间里也没有椅子。在地上坐久了，我们会腰酸背痛，但日本人却不会这样。他们即使有长凳，也喜欢空着不坐，而是盘腿坐在地上。美国的小男孩从来不这样坐，而美国的小女孩却很喜欢这样，难道这些美国的小女孩像日本人吗？日本人吃饭时习惯把矮矮的饭桌放在面前跪着吃。日本人的家里是没有床的，他们的床就是地板，睡觉的时候就躺在地板的草席上，然后枕着硬硬的木头，再盖上和服。

我觉得日本人有点像大象，你知道是什么意思吗？我们知道大象很爱洗澡，洗完澡才肯干活。日本人也这样。但是奇怪的是，他们一家人用同一盆水洗，上个人洗完并不换水，下个人接着洗。他们用的浴缸和木桶很像，里面躺不下人，只能坐着洗。他们洗澡时先用温热的水将自己的毛孔打开，然后泡一阵子就出来擦干身子。

木桶

明信片上的这个桶只画了个侧面，所以我也不知道里面装了什么，但我猜一定是鱼。日本人很爱吃鱼，他们很少吃肉，一是因为日本很少有牛、羊、猪这些动物，二是因为在日本有很多佛教徒，佛教徒是从不吃肉的，而在他们看来，鱼不属于肉类，所以可以大胆地吃。日本可能是吃鱼吃得最多的民族，比挪威人吃的还要多。因为日本四面都是海，所以他们随时随地都可以抓到鱼。抓到鱼之

后，他们就把鱼放在装满水的木桶里，防止鱼死掉。

水稻田

日本人吃得最多的是大米，喝得最多的就是茶了。日本人喝茶跟我们不一样，他们不加糖和牛奶，只喝清茶。在日本有很多茶楼，里面有能歌善舞的艺妓，她们会表演茶艺，还能弹一种很像班卓琴的乐器。

鸟居

有一封来信里画了一栋高大的木门，这是"鸟居"，意思是"鸟儿休息的地方"。在日本，鸟居十分常见，它是通往神社或者寺庙的门。在日本人看来，鸟居是一栋非常神圣的建筑。

石灯笼

另外一张明信片有日本寺庙中常见的石灯笼。这种灯笼发出来的光非常幽暗，所以不能用于照明，只能当成装饰品。日本有个节日叫灯笼节，当然了，节日里提的灯笼可不是石灯笼，而是纸灯笼。

三只木雕猴

还有一张是三只木雕猴。这三只猴子形态各异，其中一只猴子用爪子捂住了耳边，一只捂住了嘴巴，还有一只蒙上了眼睛，这三只猴子代表了日本人的信仰，那就是：非礼勿视，非礼勿言，非礼勿为。

相扑

最后一张画的是两个大胖子面对面半蹲着，眼睛紧紧地盯着对方，周围围了一大群人。这两个人应该是在摔跤吧。我之前说过，几乎每个国家都有独具特色的运动项目，比如西班牙的斗牛、美国的篮球。日本的特色项目就是这张明信片里画的——相扑运动。参加相扑的选手都非常重，有的竟有两三百公斤。跟我们的棒球赛和足球赛一样，相扑比赛也有很多观众观看。在相扑比赛中，选手们大部分时间都是半蹲着身子默默等待时机。美国人看这种比赛大概会觉得无聊极了，因为全场的高潮大概只有结束前的几分钟，就是一个选手被对方抓住的时候。另外一种比赛——柔道，则比相扑稍具动感。柔道更注重的是技巧，个子的大小对比赛影响不大。我曾经到过日本的一个学校参观，那里有很多学生都在练习柔道。他们主要练习移动的速度还有用力的技巧。因为在柔道中，只要掌握了技巧，就可以将对手拉倒在地，然后锁住对手的要害关节，让对手无法还击。

除了这两项传统运动外，现在，日本还从国外引进了棒球等新式运动。和美国人一样，日本人非常喜欢棒球，观看棒球比赛时几乎场场爆满。

还有人给我寄了一张天皇的照片。虽然世界上有很多国家已经废除了皇帝，改成总统制，但在日本，天皇制一直延续了下来，很可能还会一直延续下去。

第59章
金字塔

在地球的七个大洲里，亚洲最大，其次就是非洲。

以前，当一个西方人想去东方时，他不得不绕过非洲南部，就算绕过非洲南部，他也从未想过登上非洲大陆去看一看，所以很长时间以来，西方人对非洲的丛林、野蛮的动物和生活在那里的人一无所知，也没有了解它的欲望。其实，在靠近地中海的非洲地区，也就是非洲的北部，聚居着大批白人。从这片聚居地再往南走就是连绵不断的大沙漠。沙漠以南的地区还有丛林，很多动物和土著都生活在那里。非洲的东北部则有一个大国——埃及。它靠近亚洲和红海，已经有几千年的文明了。

你见过上百岁的老爷爷、老奶奶吗？我曾经见过"活"了5000岁的人，不过他已经被风干了。这位老人在活着的时候是埃及的国王，由于他担心自己死后会化为尘土，不能在"审判日"那天转世重生，便命令手下人用药水把自己的尸体密封起来，然后放在石山下，这样他的尸体就不被打扰，自然也遭不到破坏了。这位国王肯定没有想到，有一天自己的尸体会被放到博物馆里，每天被来自世界各地的人看来看去，而且博物馆的工作人员还会定期清理，给这具尸体掸掸灰尘什么的。

上段中提到的"石山"其实是金字塔，它被誉为"世界七大奇迹"之一。埃及的国王在活着的时候就开始为自己建造金字塔，用来死后放置自己的棺材。后来，金字塔越建越大，因为每个国王都希望

金字塔

自己的金字塔是最大的。现在，埃及最大的金字塔是五千年前的胡夫金字塔，这座金字塔是十万人用了三十年的时间建成的。

金字塔的墙是用光滑的石头砌起来的，刚建好的时候非常整齐漂亮。后来，由于当地人在建造其他建筑时不断挪用金字塔上的石头，所以现在的金字塔已经是凹凸不平了，你可以登着一块块突出的石头一直爬到塔顶。金字塔的中间留着一块空间，里面存放的是埃及国王的尸体和他生前的用品。埃及人相信，死亡只是睡眠，在最终"审判日"到来时人就会醒过来，为了不让其他人打搅，国王

图中的狮身人面像是埃及法老胡夫下令建造的。像高二十米，长五十七米，脸长五米，头戴奈姆斯皇冠，额上刻着"库伯拉"圣蛇浮雕，下颌有帝王的标志——下垂的长须。一只耳朵，有二米多长。在埃及，狮身人面像是智慧与勇猛的象征。

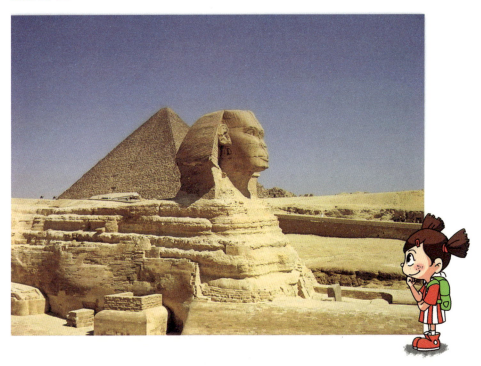

的金字塔里的通道被石头完全堵死，入口也被小心翼翼地涂抹起来，看不出一丝痕迹。但是，盗墓者还是发现了这个入口，然后将里面的东西全偷走了。也许某天当埃及国王重生时，他的灵魂再也找不到自己的身体了。

现在，大部分埃及人都改信了伊斯兰教，他们更感兴趣的是建造清真寺，而不是金字塔。

埃及还有一个举世闻名的景观，那就是石雕狮身人面像。听名字你就猜到了，它是一只长了人脸的狮子，这张脸是以前的一位埃及法老的脸。在古希腊的传说中，也出现过类似的东西，那就是狮身人面女怪，她经常坐在路边，拦住行人，让他们猜谜。谜面是："有一种动物，他早上的时候是四条腿，中午的时候是两条腿，晚上的时候又变成了三条腿，这种动物是什么？"如果答错了，就会被女怪吃掉。后来，终于有个人猜到了谜底："是人。人刚出生的时候，手脚并用，到处爬行，就有四条腿。长大后，两条腿走路，就是两条腿，等老了，拄一根拐杖，就成了三条腿。"怎么样，听了这个传说你是不是有点害怕？其实不用，狮身人面像是不要你猜谜的，因为它不是古希腊的那个狮身女怪，而是埃及人的太阳神。

狮身人面像和埃及金字塔都在埃及最长的河——尼罗河旁边。我想你一定听说过"鳄鱼的眼泪"这个词语吧，尼罗河那儿就有很多鳄鱼。埃及人说，鳄鱼喜欢抓小男孩吃，边吃还边掉眼泪，好像非常难过。后来，人们就把那些哭得假惺惺的人的眼泪叫作"鳄鱼的眼泪"。尼罗河在流入地中海的地方分出来了好几条支流，这些支流流经的地方就是三角洲，因为它的形状像一个三角。

埃及南北部的气候差异很大，南部雨水充沛，北部却长年不下雨。如果南部的雨太多了，尼罗河的水就会漫出来，把河岸上的村庄和农田全都淹没。洪水退后河岸上会留下一大堆淤泥，这些淤泥很适合种植粮食，若是种上小麦和棉花，来年肯定会获得大丰收。

除了这每年一次的洪涝时期，在其他时节，尼罗河的河水都相当浅，打水的人必须走下河岸，才能打上水来。后来埃及人在尼罗河上游建起了一座阿斯旺水坝，这座水坝储存了大量的河水，形成了一个湖泊。当尼罗河的下游缺水时，这个水坝就会打开闸门，把水放出去供下游的人用。遗憾的是，在阿斯旺水坝附近原来还有一座神庙，只是现在被洪水淹没了。

可能在你的朋友中有个叫亚力克的，我现在要跟你讲的这个亚力克生活在两千多年前，是希腊的一个国王，全名叫亚历山大。亚力克在埃及建造了一座城市，也许你也听说过，就是亚历山大城，是根据他自己的名字命名的。虽然已经过去两千多年了，但亚历山大城依然还存在着，而且每天都有很多船只从这里经过。

从亚历山大城出来，继续往北走，你就会到达开罗。开罗是埃及的首都，也是埃及最大的城市，还是整个非洲最大的城市。如果你有机会坐飞机从开罗上空经过，一定要睁大眼睛往下看，你会发现有很多很多像碟子一样的圆圆屋顶，还有像蜡烛一样的塔，那就是清真寺。清真寺的顶和你在信仰基督教的城市看到的教堂的尖顶完全不同。

第 **60** 章
强盗的乐园

虽然摩洛哥与欧洲只隔了一道几千米宽的直布罗陀海峡，但是这两个地方却相差甚多，有如天上地下。在直布罗陀的北岸，所有人都穿着和我们一样的服装，说着和我们一样的语言，也信奉基督教。但是你若坐船从直布罗陀出发到摩洛哥，你就会发现摩洛哥人穿着像床单一样的衣服，说着我们听不懂的阿拉伯语，信的是伊斯兰教，这时，你肯定感觉自己闯进了一个马戏团。

临走时，朋友告诉我，他为我安排了一个导游叫穆罕默德，到了码头，那位导游就会来接我。结果，到了码头，我发现岸上所有人都穿着一模一样的白色长袍，实在不知道哪一位是来接我的穆罕默德，于是情急之下，我就在码头大喊："谁是导游穆罕默德！"

我刚刚喊完，就有一堆人跑过来对我说："我就是穆罕默德！"回来后，我才知道，这里的人都是伊斯兰教徒，他们都崇拜穆罕默德，所以很多人叫穆罕默德，就像很多美国人叫约翰一样。

所有的摩洛哥人看上去都很凶，像海盗或强盗。我不敢随便雇人当导游，只能一个人走走看看。在大街上，大部分摩洛哥人都脏兮兮的，甚至还有麻风病人。看到他们，我很难相信在哥伦布时代以前，摩洛哥人是西班牙的主人，还建造了漂亮的阿尔罕布拉宫。

我曾经计划一定要去非斯看看。但是，那里既没有铁路也没有导游，所以我只好向美国领事馆寻求帮助，希望他们能帮我找到导游、佣人和驴。领事们被派往世界各地不就是为了帮助自己国家的

人处理在国外遇到的各
种麻烦吗？

阿拉伯强盗

　　但是他们却劝我：
"不要去非斯，那里到
处是强盗，他们会把去
那里的美国人抓起来，
美国政府不允许你到那
么危险的地方。"

　　我说："我身上不带
钱也不行吗？"

　　"那些强盗抓人不是为了你身上那点钱，而是想抓你当人质，然
后向美国政府勒索，如果美国政府不付钱的话，他们就把你杀掉，
所以美国政府为了保证自己公民的安全，不允许任何人到那里去。"
听了这些，我打消了去非斯的念头。我对非斯的了解仅限于那里生
产的一种帽子。那种帽子土耳其人以前也爱戴，它的外形有点像倒
过来的花盆。

　　你有没有听过一首歌名叫《家，甜蜜的家》？这首歌的作者是
一位驻突尼斯的美国领事。突尼斯和摩洛哥一样，也有很多海盗。
在这次旅行回来后，我深刻地体会到了歌中想家的感情。

　　各个大洲上都有沙漠。摩洛哥南部就有全世界最大的沙漠——撒
哈拉沙漠。它横跨非洲，面积比整个美国还要大。沙漠里除了极少数
地方有植物外，其余都是漫无边际的沙土。对旅行者来说，沙漠就像
海洋，没有路、没有方向牌，而且地形随时随地都会发生变化。也许
一阵大风过后，沙谷就会变成沙丘。从这里经过的驼队，只能依靠指
南针和星星才知道该往哪个方向走。然而一旦遇上风暴，整个驼队的
人都可能被埋进沙子里，成为一堆白骨。

第 **61** 章

黑人的家园

以前，你要想从撒哈拉的最北端到最南端，只有一个选择，那就是骑骆驼。但是，骑骆驼穿越大沙漠至少要花费两个月的时间，而且沙漠中没有任何道路，只能靠有经验的人摸索。在撒哈拉沙漠的南部有个叫"廷巴克图"的地方。美国有句俗话叫"简直像从卡拉马祖到廷巴克图"，卡拉马祖是美国密歇根州的一个城市，从那里到廷巴克图，要跨越一个大洋，两块大陆，所以这句话的意思就是两地相距甚远。**廷巴克图是所有跨越撒哈拉沙漠旅行者们的必经之地，无论他们是从撒哈拉出发到地中海沿岸，还是从地中海来，都把这里当做自己重要的一站。**

撒哈拉沙漠里基本上不下雨，非常干旱，而苏丹这个非洲国家却雨水丰富。"苏丹"的意思是"黑人的土地"。

小时候，你一定听过这么一个故事，上帝在造人的时候，分了两次。白天造出了白人，晚上造出了黑人。不过也有人说黑人原来也是白人，只不过他们住的地方太热了，所以都被晒黑了，之后就再也没有变回来。

你还不知道吧，其实在非洲大陆上有几个国家也属于欧洲。它们都位于几内亚湾附近，是苏丹最长的河流尼日尔河流经的地方。几内亚湾附近唯一一个不属于欧洲的小国叫做利比里亚。据说它是仿照美国建立的，那么它都在哪些地方跟美国相似呢？别着急，接下来我会慢慢讲给你听。

★第61章★
黑人的家园

美国在刚刚成立的时候，非常缺乏劳动力。白人们都盼望着能雇到更多的人为自己劳动。海盗们得知这一消息后，就去非洲抓黑人，然后运到美国，卖给那些需要劳动力的白人。今天美国黑人的祖先大部分都是在那个时候被贩卖到美国的。后来，大家渐渐意识到把黑人当成奴隶使唤是不对的，所以美洲的黑人们开始有了一些自由。门罗当美国总统的时候，制定了许多条文，让一些黑人恢复了自由，并派出船只把那些愿意返回故土的黑人送回家。

虽然这些黑人们的故乡只是一堆堆树丛，但对他们来说，那里却是自由的乐土。很多黑人回去后就在几内亚湾建了一个国家"利比里亚"。为了纪念这位伟大的总统门罗，他们将首都命名为"蒙罗维亚"。他们还用美国城市的名字命名自己的村庄。在他们那里，纽约或者费城可能只是一个只有几百人的村子，很有趣吧。这些黑人并没有极力逃避那个令人伤心的地方，而是用这种方式纪念自己待过的地方。

过了这里再往南一点就到赤道了。你还记得我们之前说的吗？赤道与地球的南极和北极的距离相等。在非洲大陆，刚果河正好就从赤道上经过。赤道附近的非洲大陆非常炎热，但是雨水比较多。所以那里的植物长得都很快，没多久野草就会长得高过房子。这里密布着各种各样的灌木、乔木还有些说不出名字的树木，它们挤挤挨挨地长成一片，人们很难从中通过。这块地方和南美洲的热带雨林非常相似。

因为这片土地潮湿闷热，人们很难适应，所以对这片土地的了解只能凭人们的猜测。据说生活在这里的黑人都是食人族，他们会杀死那些随意闯进来的白人，割他们的肉吃。即使旅行者足够幸运，能够逃脱食人族的迫害，那里还有很多致命的动物，随时能结束人的生命。比如一种叫舌蝇的虫子，人如果被它叮了，就会变得昏昏欲睡，而一旦睡着，就可能永远也醒不过来了。

后来苏格兰出了一个人，叫大卫·利文斯通。这个人在小时候只是一个普通的小男孩，跟我们没有什么不同。不过，十岁的时候，他就去棉纺厂做工去了，没有继续读书。他每天工作都很辛苦，从早上 6：00 点忙到晚上 8：00。即使再怎么辛苦，晚上回到家后，他也要继续看书学习。利文斯通有个伟大的愿望，就是为那些生活困难、无钱医治的人看病。最后通过自己的努力，他成了一名医生。本来是想到中国去帮助那些有需要的人，但是没想到的是，他被派到了非洲。

很多人都担心利文斯通的安全，觉得他会必死无疑，不是死于致命的舌蝇，就是死在凶猛动物的口中，或者是不小心喝了那里的水，死于疾病。但利文斯通并不在意，他说："我早晚都会死的，死在哪里并不重要。重要的是，在死之前能为别人做些事情。"就这样，他听从派遣，毅然决然地去了非洲。

在之后的三十年里，他除了偶尔返回苏格兰的家里小住外，其余的时间都在非洲，最后朋友渐渐失去了他的消息，大部分人以为他真的死在了那片"黑暗大陆"。然而有人坚持认为利文斯通还活着，于是就派出一名记者到非洲寻找他。这位名叫斯坦利的记者在寻找利文斯通的过程中颇费了一番周折。因为当地人听不懂英语，所以他只好用手比划，问那里的人有没有见过跟自己一样的白种人。但是，三十年的时光太漫长了，那时候的人大部分都不在世了。最后有个黑人告诉斯坦利，他曾经听父亲讲到过这个白人，他好像往东边去了。斯坦利按照他指的路一直往东走，最后到了一个狭长的湖边，这个湖有个很长的名字，叫"坦葛尼喀湖"。

他到的时候，就有个白人老爷爷在岸边迎接他。斯坦利就问："您就是利文斯通医生吧？"我们去火车站接人的时候，也会有这种经历，如果我们要接的人身上有什么明显特征的话，我们一眼就可以找到他。果然，这位老人就是利文斯通，但是他拒绝回国，他想继续留在这里。

利文斯通是这样说的："我的职责就是守护在这里。这里的人需要我的帮助，我可以为他们治疗疾病，还能让他们信仰上帝。但是，如果有一天我死了，我希望能埋葬在英国的土地上。"

利文斯通两年后便去世了，当时他正在跪地祷告。他的仆人注意到他一直没有起来便上前去扶他，这才发现他已经死了。当地人都知道利文斯通的愿望是死后能够葬在英国，于是他们用当地的技术先把他的尸体保存起来，抬着走了两个月，1280千米，终于到了非洲海岸。在岸边，他们请求过往船只帮忙把利文斯通的遗体带回英国。现在，利文斯通被安葬在威斯敏斯特大教堂里，和很多名人为伴。

利文斯通在非洲做了许多好事。通过他的传教，很多黑人开始信仰基督教，并且放弃了吃人。在利文斯通到这里以前，当地有个阿拉伯首领，经常派人到处抓黑人，然后就像对待动物那样，把黑人用铁镣捆起来卖给外国人当奴隶。利文斯通看到这种现象，非常震惊，他联合黑人们，一起反抗那位首领，最终取得了胜利。所以黑人们都很敬佩、爱戴利文斯通，听从他的一切教导。

利文斯通还绘制出了非洲部分地区的地图，以前这些地区从来没有人问津过。**他还发现并命名了世界上最大的瀑布——"维多利亚瀑布"，因为当时英国由维多利亚女王当政，所以他就取了这个名字。**维多利亚瀑布位于赞比西河中游，在这条河的北面还有一个大湖，也被命名为维多利亚。维多利亚湖是尼罗河的源头。埃及人很早以前就知道尼罗河，并一直依靠尼罗河的河水生活，但他们从来不知道尼罗河的河水从哪里来的。在他们的意识里，尼罗河是来自天堂的河流。

第 62 章

动物的乐土

你看过马戏团的表演吗？如果没有的话，那你去过动物园吗？想想看，如果我们把动物园里的笼子全部打开，然后住到动物园里，那又会有什么样的奇遇呢？**你知道吗，地球上真的有这样一个天然的动物园，它就在非洲的赤道附近。**

狮子和宠物猫都是猫科动物，但是，狮子可不像猫那样温顺，它们是猫科动物中最凶猛的，也是最让人恐惧的，就算被管理员牢牢地关在笼子里，怒吼起来也让人心惊胆战。狮子还是地球上力量最大的动物之一，它从不畏惧任何敌人。在丛林中，动物们为了躲避天敌，无时无刻不小心翼翼的，而狮子却生活得很安逸，不害怕任何动物的袭击。

爸爸曾经教过我捉狮子的办法，他说在狮子的尾巴上撒一点点盐，就可以活捉到狮子了。我长大后才知道，爸爸是在哄我。用这种方法连鸟都捉不到，更不用说是狮子了。猎人们经常通过设置陷阱来活捉狮子。他们先挖一个大坑，然后用树枝和叶子把坑的口部盖严，之后就静静等待狮子上勾了。但猎人们捕杀狮子的方法和活捉时不同，他们要么是趁狮子喝水的时候捕杀，要么先找些诱饵，放在狮子去水塘的路上。我们钓鱼的时候也经常用诱饵，比如蚯蚓之类的，而引诱狮子要用更大的动物，猎人们经常用的是斑马，这是一种非常温顺的动物，全身长满了黑白相间的条纹。斑马长成这样，对它们来说非常有利，因为这些条纹有点像草的影子，可以起到保护的作用。投放了诱饵之后，猎人们就得时时刻刻盯着，赶走那些来偷吃的小动物。其中最常见的就是鬣狗，它的胆子很小，不敢去捕杀活着的动物，所以就到处寻找死掉的动物吃。鬣狗的叫声非常奇怪，你听到的话可能会吓一大跳，因为那听上去很像是人在笑。不过它们可不是因为高兴，鬣狗吼叫通常是因为生气。

生活在丛林里的动物时刻都面临着死亡的威胁，它们只能选择杀死其他动物，否则就会被自己的天敌吃掉。那里可没有警察去管这一切。

可能你会把狮子当成是丛林里最勇敢的动物，但其实猴子才是最勇敢的。为什么这样说呢？

那是因为一旦狮子怒吼，整个丛林里的动物会在瞬间逃走，但通常猴子总是最后一个。猎人们只要仔细观察动物们的反应，就可以知道狮子的位置。鬣狗往往是第一个逃跑的，因为它是整个丛林里胆子最小的动物。看到鬣狗，猎人们就知道，狮子肯定离得还远。等到动物们都逃得差不多了，猴子才跟在后面出来。此时，猎人们就知道狮子已经离得很近了。猴子的外形、行为、动作、神态都很像小孩子，受了伤会伤心地哭，中了子弹会疼得忍不住抠出来。所以，猎人们都很心疼猴子，不忍心猎杀它们。

动物有吃肉的，有吃素的。长颈鹿就是吃素的，因为它的腿和脖子太长了，所以它只能吃悬在空中的树叶。长颈鹿吃草或喝水的时候很困难，它必须要伸开四条腿，把身子压得低低的，就像一个大大的 A。

我不知道动物们是不是也有自己的语言，但几乎所有的动物都能叫。他们的叫声各异，狗是汪汪，牛是哞哞，鸡是咯咯，羊是咩咩，猫是喵喵，鸭是嘎嘎，青蛙是呱呱，蛇是咝咝，猪是哼哼，除了这些，还有的声音像在咆哮，像在尖叫，像在怒吼，像在哀啼，像在嬉笑，像在唱歌……可以说动物的叫声千奇百怪，无所不有。然而长颈鹿却不会叫，它是丛林中唯一一种不会叫的动物。

这里还有一种长得很像猪的马，叫"河马"。它们不仅长得像猪，生活习性也很像猪，喜欢在淤泥里打滚。河马待在水里不动的时候像一块大石头，或者是潜艇。

犀牛也和河马一样，高大笨拙。不过犀牛比河马更丑，事实上我再也想不出来在世界上还有比犀牛更丑的动物。它长着四只粗短的腿，和一两个坚硬的角，皮很厚实，连子弹都打不进去，所以猎人经常瞄准它的腹部射击，但是因为犀牛腿太短，腹部离地又很近，所以需要很高的技巧才能射中。我有一根犀牛皮做成的棍子，样式非常奇特，说它是棍子，其实还是可以弯曲的。犀牛是个超级近视眼，它几乎什么都看不见。如果犀牛是人，那就要配一副厚厚的眼镜了。但是幸运的是，犀牛有个可以指路的好朋友——犀鸟，它经常站在犀牛的背上，形影不离，为犀牛看路，还帮它观察四方的敌人。

非洲也有大象，而且比亚洲的大得多。印度人喜欢活捉大象来帮人做事，非洲人则不然，他们经常杀死大象，然后取走象牙拿去卖掉。你见过钢琴的琴键吧，很多都是由象牙制成的。幸运的是，现在大家用棉花和其他东西也能制出"人造象牙"，它比真象牙便宜耐用，还不会变黄。所以，现在大象也比以前安全多了。

说了这么多奇奇怪怪的动物，其实非洲最奇怪的动物就是生活在那里的人。他们的审美观在我们看来非常可笑。但是，我想他们看我们肯定也觉得很好笑。当地的人觉得黑色皮肤代表健康，白人惨白惨白的，都像生病了一样。美国那些爱美的女孩子喜欢戴耳环，他们也戴耳环，不过是戴在鼻子上，叫鼻环。猎人在外出打猎时，经常会遇见黑人问他们要别针，他们要别针不是为了做事情，而是要弯成鼻环穿在鼻子上，因为普通的鼻环没有那么大。黑人们还喜欢在自己嘴巴和耳朵上打洞，然后把洞慢慢弄大，有的甚至可以插进去一根手指。在美国，我们经常看到女孩子们把头发束在脑后，而他们喜欢扎到头顶，有时还抹上鲜血。

当年，白人在开发这个地方的时候，在地下埋了很多发电报用的线，后来发现这些电线经常被黑人偷走。他们把电线截成一段一段的做成手镯，戴满手臂和腿。他们觉得这样看起来非常漂亮、非常时尚。

可能你的爸爸妈妈曾经给你讲过一个小男孩的故事，他的爸爸

审图号　GS（2004）071号

非洲以野生动物种类及品种繁多而出名，主要的野生动物有：大象、鬣狗、河马、狮子、猴子等。

妈妈都已经不在了，所以只能和阿姨住在一起。他的阿姨非常小气，经常故意不给他饭吃。他饿得实在受不了就到外面抓虫子吃。非洲人也经常吃虫子，但是他们不是因为饿，而是喜欢吃。他们捉了蚂蚁和蝗虫，或者烤着吃，或者直接生吃。有一样也是非洲的特产，我想大家都非常喜欢，那就是西瓜。最早只有非洲才有西瓜，后来传到世界各地，我们才有了西瓜。

　　非洲人有很多乐器，其中最受欢迎的就是手鼓。相信你也能猜到，手鼓就是用手敲的鼓。非洲人打起手鼓来可真是废寝忘食，他们可以连着打几个小时。非洲人非常喜欢手鼓的"砰砰"声。一般手鼓声可以传到很远，至少几千米。非洲人就是利用打手鼓向附近的人传递消息。

第63章
彩虹的那头

　　彩虹的那头是什么呢？有人说是一大盆黄金。很多人听说了那里有黄金后，便抛弃了工作，离开了家乡，兴高采烈地去了。为什么大家都要找黄金呢？那是因为全世界所有的国家都承认黄金，都把它当成货币使用，虽然硬币、纸币都不是用黄金做的。

　　世界上最大的黄金产地在南非的一个叫约翰内斯堡的地方。那里出产的黄金占了全世界总产量的一半以上。

　　虽然现在白金比黄金价格更高，但黄金仍是"金属之王"，它可以是货币，还可以被制造成各种各样的装饰品。我们常说的24K是指纯金，它非常柔软，很容易遭到磨损，所以人们在锻造黄金的时候，经常会加入一些其他金属。一般在黄金中添加四分之一的其他金属，制造出来的饰品最为完美。这种比例制造的黄金，纯度就是18K。如果你观察过家人或亲戚的手表或戒指，也许就能在上面发现18K或者14K的标记。

　　我们在电视上看到的黄金一般都是一条一条的，但是它最开始被挖掘出来的时候可不是这个样子，它们要么是一块一块的，要么是混在石头里一粒一粒的。淘金者把石头磨成细细的粉末，然后才能淘出黄金。

　　几乎每个美国人家里都有一件来自南非的特产，它只有小小的一颗，却非常贵。猜到了吗？对了！就是妈妈手上戴的戒指里面的钻石。这些钻石几乎都来自同一个地方——南非金伯利，据说当地

253

彩虹的尽头有金子。

人是在火山附近的蓝色黏土中发现钻石的。

生活在南非的荷兰人最先发现了这个钻石矿。当时，金伯利开采出来的钻石多是被送到荷兰首都阿姆斯特丹打磨。但是现在人们不再费那个力气了，钻石被开采出来之后就在当地打磨，然后被运往世界各地。

你可能不会想到，亮闪闪的钻石和黑乎乎的煤的组成成分是一样的，如果我们把一颗钻石扔到火里烧就会发现它最终会变成炭，所以人们也称煤炭为"黑色的钻石"。拿起钻石，对着光看，你就会发现不同的钻石会发出不同颜色的光。其中最贵重的钻石发出的光是纯白色的，一般的钻石发出的光都有点偏蓝或者偏黄。

目前世界上最大的钻石叫"库里南钻石"，这颗钻石实在是太大了，做成一件单独的饰品根本就不适合佩戴，于是它被分成了大大小小的许多块。后来又出现了一颗大钻石，叫"大莫卧儿"，是世界上第二大钻石，但这颗钻石被偷走了，至今下落不明。有人猜测说，"大莫卧儿"很可能被小偷分成了几块偷偷卖掉了，因为这颗钻石是世界上独一无二的珍品，如果整个儿出售，肯定会被人发觉。

在南非的钻石矿里，基本上都是黑人在做工。钻石矿主非常担

★第67章★
彩虹的那头

心黑人会拿走这些宝贝，于是在矿场外围竖起了高高的栏杆，还安排人时时巡逻。工人们必须在矿场里睡觉，三四个月才被准许回家一次。而且回家之前，矿场的负责人还会挨个搜查他们的身子，包括头发、耳朵、嘴，防止黑人们带走钻石。对黑人们来说，一粒小小的钻石，就足够发家致富了。每年矿场都会出产很多钻石，但矿场主们认为，如果市场上的钻石太多，价格就会降低，所以他们会事先储存一些昂贵的钻石，等待高价时售出。

曾经有个叫塞西尔·罗德斯的英国人就因为钻石矿发了大财。他本来是到南非疗养的，结果到了此地，恰逢钻石发掘的热潮，于是他就借着钻石的力量，成了当时首富。非洲有个地方叫罗德西亚，就是根据他的名字命名的。罗德斯在死前专门预留了一部分资金帮助全世界的优秀学生到牛津读书。这批学生就是"罗德学者"。罗德斯生前还计划修一条从开罗到开普敦的铁路，横跨非洲大陆。现在这条开罗—开普敦铁路还在修建之中。罗德斯死前告诉朋友，希望把自己的遗体安放在非洲的一座高山上，他说在那里可以远眺全世界。

南非城市的风格跟英国的有些相似，无论是首都比勒陀利亚，还是大城市开普勒，让人无法想象的是，一百年前这里竟然是蛮荒之地，到处都是密林和野兽。

你有没有听集邮爱好者们说过"毛里求斯"邮票？有人为这张邮票花了20000美元，这个价钱可以在美国买下一栋房子，那他为什么要去买一张邮票呢？其实集邮爱好者花高价收藏邮票只是为了拥有别人没有的东西。这张邮票的名字"毛里求斯"原本是非洲东部的一个小岛。除了这座岛屿外，非洲还有马达加斯加岛、桑给巴尔岛，等等。桑给巴尔盛产丁香，你平时吃的云莓、腌菜、火腿里面就有这种香料。也许你曾经见过丁香，但你肯定认不出来，它有点像烧过的火柴，丑巴巴的。

第64章

聚宝盆

你知道想家是什么感觉吗？如果你没有出过远门，肯定不会有什么感觉。想想看，如果你离开了父母、家人、朋友，一个人到地球的另一头定居，而且很长时间不能回家，甚至一辈子都不能回去，你会怎么想呢？你肯定会天天想家。英国人大概是这个世界上最爱想家的人了，但还是有一大批英国人背井离乡，到另一个半球去生活。

我说的另一个半球就是澳大利亚，这是个大大的岛屿，它名字的意思是"南方大陆"。英国人经常要花上五六个月的时间才能坐船到达这里。现在的船速虽然加快了，但也要一个月之久。这座岛的原始居民是一群土著人，英国人到这里之后，建起了现代化的城市。美国在赤道以北，澳大利亚则相反，在赤道以南。他们那里的一年四季跟我们这里完全相反，我们过夏天的时候他们过冬天，反过来也一样。英国人觉得澳大利亚离国内远，是个流放犯人的好地方。囚犯们被关押到这座孤岛上后，不仅不能逃跑，也不会伤害到无辜的人。那些被送到澳大利亚的囚犯们很少能返回英国，不少人因为太思念家乡抑郁而终——他们即使犯了错，也跟我们一样，有感情，会想家。

不久之后，英国人发现了这座大岛的新用途，有人在澳大利亚中部的沙漠里挖出了金矿。这下，黄金的魅力吸引了大批英国的年轻人。他们不怕危险，赤手空拳跑到这里。但是，挖掘黄金可没有那么容易，很多人都失败了。他们不愿意就这样空手而归，于是在这片大陆上寻找新的发财门路。他们察觉到，澳大利亚南部的草原广阔，却没有牛羊，于是他们就引进了英国的牛羊。没想到的是，英国的牛羊根本不吃当地的草。经过研究他们才知道，澳大利亚的草与英国的相差很多。这群英国年轻人并没有因此而放弃，"第一次失败了，就尝试第二次，第二次失败了，就尝试第三次，总有一天能够成功"。他们回国带回了草籽，最后终于成功地培育出了合适的牧草。他们挖到了属于自己的"金矿"，成了富人，这是谁都没有料想到的。

澳大利亚为全世界提供羊毛。那里出产的绵羊毛柔软细密，是全世界质量最好的。这些羊毛现在被运往世界各地，出口到各个国家。

澳大利亚有个非常奇怪的现象：兔子成灾。事情的起因是这样的：一位英国人移民到澳大利亚的时候，带来了一对宠物兔子。后来这两只兔子逃到野外，生了很多小兔子。小兔子们长大又生下自己的孩子，这样兔子的数量越来越多，比澳大利亚所有的羊加起来还要多。兔子和羊一样喜欢吃草，它们到处泛滥，把原本给羊吃的草都吃光了。人们为了保证羊的生长，就开始杀兔子。但是杀死一百万兔子的同时，又有几百万兔子出生，简直像一场大瘟疫。后来，人们为了阻拦兔子，就在全国建起了长长的栅栏，但是兔子们很快就咬破了栅栏。到现在，澳大利亚的兔子还是泛滥成灾，人们想尽了各种办法来捕杀兔子，但依然不能消灭兔子。澳大利亚人把兔肉制成罐头，把兔皮制成婴儿睡袋。但即便这样，兔子还是越来越多，看来澳大利亚人注定要与这种麻烦的小家伙做邻居了！

澳大利亚有很多奇奇怪怪的小动物，其中有一种叫袋鼠。它和人差不多高，坐的时候把自己的两条腿和尾巴当凳子，就像一张便携的三角凳。袋鼠也有两只前腿，但它们非常瘦小，基本上没有什么用。袋鼠不会像我们一样跑，它只会用两只后腿跳，跳得又快又远。袋鼠之所以叫袋鼠，是因为在袋鼠妈妈们的肚子上都长有一个袋子，小袋鼠就在里面睡觉、玩耍。

你听过《小美人鱼》的故事吧。澳大利亚的西海岸就生活着"美人鱼"，它们时不时地会抱着孩子探出水面。船员站在船上远望，觉得这就是传说中的美人鱼了。其实，他们都被骗了，这根本不是我们在童话里讲到的美人鱼，而是澳大利亚的一种动物，叫海牛。看到这里你会不会很失望呢？

审图号　GS（2008）1427 号

澳大利亚是"南方大陆"。

　　住在澳大利亚的原始居民不会数数、不会写字、不会看书。他们生活中最重要的事情就是寻找食物。他们也不知道人需要穿衣服，只在身上涂满颜料。他们的审美非常奇特，喜欢用贝壳在身上磨出一个个个肿块，然后在上面抹黏土。他们认为肿块越多人就越美。

　　这些原始居民发明了一件有趣的玩具——"飞去来"。它是用木头做的，形状有点像弯弯的月牙儿。飞去来一旦被扔出去就会在空中不断盘旋，技术熟练的人还可以让飞去来在空中转一圈后回到自己的手中。我买了好几个飞去来，朋友和我开玩笑说："听说你学会了扔袋鼠？"我大笑："扔袋鼠？就算是澳洲本地人也不会啊！"

　　只有澳大利亚才有飞去来这种好玩的东西吗？

　　不是的，虽然说飞去来是澳大利亚土著狩猎时特有的工具。但是人们在非洲和北欧地区的壁画里面也发现了这种工具。只不过后来弓箭枪矛开始出现，大家就不太用飞去来了。

　　澳大利亚有三个大城市：墨尔本、堪培拉、悉尼。墨尔本是澳大利亚以前的首都。堪培拉建立起来以后，首都就搬到了那里。堪培拉城里的街道和建筑都非常整齐漂亮，还拥有自己的国会大厦，就像华盛顿一样。悉尼也是澳大利亚的一个重要城市。

　　澳大利亚东南面有个国家，据说是世界上最适合人类居住的地方，那就是新西兰。还记得丹麦的西兰岛吗？新西兰的名字和西兰岛太像了，而且西兰岛所在的丹麦是欧洲最适宜居住的国家。从地图上看，新西兰有点像意大利，都像倒着放的靴子。而且，地图上的新西兰似乎紧挨着澳大利亚，其实，要是坐船的话，要花费四五天的时间。新西兰也有土著居民，他们是北部的毛利人。毛利人以前是食人族，但他们在与白人的交往中学会了现代的东西，还接受了教育。现在，新西兰议会里就有毛利人的议员。

第65章

食人族之岛

食人族，你知道吧？他们是一群野蛮人，经常杀人，然后吃死者的肉。食人族一般都住在太平洋的岛上。在地球上的几片海域中，太平洋最大、最深、最宽，海上分布着很多岛屿，仅南太平洋一带就有上千个岛屿。但它们都很小，在地图上你只能看到一个个小点，甚至有些岛屿在地图上根本就找不到。相反的是大西洋上几乎就没有什么岛屿，如果你坐船经过的话，就会发现那里只有一望无际的海水。

如果能把太平洋的水抽干，或者像放浴缸水那样把水放出去，露出太平洋的底，你就会发现海水下面藏着几千座山呢！它们曾经都是火山，现在被海水淹在了下面，露在水上的部分就成了我们所说的岛屿。美丽的珊瑚虫就生活在岛屿附近温暖的海域里。我们之前提到过美国的佛罗里达州就是由无数只珊瑚虫的尸体堆积成的。**珊瑚虫死后，它们的骨头就慢慢垒起来，最终高出了水面，在岛外形成一个圈，这就是我们所说的珊瑚岛。**

一些珊瑚岛上的居民就是传说中的食人族，他们长着褐色的皮肤。另外的珊瑚岛上则空无一人。但不管有没有居民，这些珊瑚岛上都长满了椰子树。对土著们来说，椰子树可以为他们提供食物、饮料、衣服、房子，以及必备的生活用品。椰子树长得很高，但只有树顶才长叶子，椰子就长在树叶中间。

椰子和婴儿的脑袋差不多大小。它看上去很奇怪，好像是一张脸。

★第65章★
食人族之岛

你看，有两只"眼睛"、一个"嘴巴"，还有长长的"头发"！剥去头发包裹的壳，就会看到椰子白白的果肉，果肉里包的就是椰汁。对当地人来说，椰子就是面包和牛奶，果肉相当于面包，椰汁就是牛奶。另外，椰子的"头发"可以用来纺成线、织成布，就像我们用棉布丝绸和羊毛做衣服一样。椰子壳可以被加工成杯子、碟子之类的器皿。当地人还用椰子叶做成短裙来穿。另外，椰子叶还可以用来搭屋顶。通常，他们的房子就只有几根柱子，上面搭几片椰子叶而已。不过房间的地板离地面很高，有几米的高度。

土著部落之间经常爆发战争，胜利者会吃掉俘虏的肉。有很多牧师来这里传教，劝说他们不要吃人肉。最初来的牧师都被食人族吃了，后来牧师们的劝说起了效果，食人族也接受了基督教，放弃了吃人。牧师们还给当地的妇女设计了大方得体的衣服，那是一种宽松的罩衣。她们出远门或到城镇的时候就会穿上这种正式的衣服，回到家时就把衣服的下摆挽到脖子上，方便爬树。珊瑚岛上原来没有疾病，白人登上这座岛后带来了许多传染病，岛上的居民因此也死了很多。

土著居民对钱没有什么概念，他们不造钱，也不用钱买东西。他们每天的生活就是四处游荡，饿了就去椰子树上摘椰子吃。那里的椰子树差不多都是斜着生长的，很容易爬。他们也很擅长爬树，我曾经见过一个小男孩一口气从地上跑到椰子树顶，就像我们爬滑梯一样。

第一个发现这些岛屿的西方人是英国的库克船长，他还写了东西记载了有关这个岛屿的事情。为了纪念库克船长，这里的一个岛就以他的名字命名的。

白人们逐渐发现在自己国家有很多人愿意出高价买椰子吃，于是他们就开始注意起这些岛屿。他们雇当地人为他们摘椰子，但是他们不用付钱。当地人对钱不感兴趣，即使付再多，一天一千美元，他们也不会特别高兴。但他们非常喜欢那些亮晶晶的小饰品和新奇玩意儿，若给他们一台留声机，他们就更高兴了。除了吃以外，椰子肉还可以提炼成椰子油，制成肥皂或者黄油。

附近经过的船只通常只会在大的岛屿停留，而不会停靠在这些小的岛上。只有船只遭遇风暴，被珊瑚礁撞翻时，船员们才会逃生流落到这些小岛上。因为这里没有居民，所以船员们只能依靠自己的力量活下去。要是等不到其他的船只营救，他们很有可能要在岛上待一辈子。

在这片海域上，无名的小岛星罗棋布，当然这里还有一些已经命名的群岛，它们的名字可都大有来头。比如所罗门**群岛**，起名字的人希望能在这里发现金银财宝，变得和所罗门王**一样**富有。库克群岛自然是根据发现这些岛屿的库克船长命名的；还有斐济群岛、萨摩亚群岛等，如果感兴趣，你可以查查它们都有什么含义。

菲律宾是太平洋诸岛中最大的群岛。它曾经被美国统治，现在已经独立。菲律宾离中国很近，那里的人也长得很像中国人。夏威夷群岛位于太平洋中部位置。可能我们不会经常到夏威夷度假，但我们每天吃的菠萝就来自这里。夏威夷的首府在火奴鲁鲁，那里培养了很多优秀的游泳运动员。当地人从小就能像鱼一样在水里游来游去，还会在海面上冲浪。

你听过乌克丽丽吗？那是夏威夷特有的一种乐器。

你若是到夏威夷去旅游，当地人会非常热情地给你戴上花环，以示欢迎。等你走的时候，他们就把花环扔到水里，表示希望你再次光临。**夏威夷最通用的一个词是"Aloha"，它表达的意思很多，比如"你好""欢迎""再见"或者"愿上帝保佑"等，你要记住哦，下次到夏威夷的时候就用这个词试着跟当地人打个招呼吧！**

第 **66** 章

旅途的终点

我们结束了漫长的环球旅行，终于要回家了。地球上所有人都对家怀有强烈的情感，不管是爱斯基摩人，还是西藏人，家都是我们最熟悉的地方。

我认识一位有五十年航海经验的老船长。他曾经无数次地环游世界，不管哪个港口，从蓬塔阿雷纳斯到阿尔汉格尔斯克，他都去过。他能说十二种语言，登上过每一个大洲的陆地，见识过每一片大洋的风浪，知道世界上的每一样东西。但是，在海上航行的这十二年中，他无时无刻不盼望着回家，过上安静的生活。我从来没有见过第二个人像他那样期盼着回家的人，也没见过有比他回家时更快乐的人，其实他的家不过是马里兰州的一个小村庄而已。

没想到的是，一年之后我们在纽约碰面了，他跟当初回家时一样高兴。当时他穿着很正式的礼服，衣服扣里别着一枝花，一副新郎的打扮。我上去问："你准备去哪里？""去航行，12点出发！我又要去环球旅行了！"他兴奋极了。

"那再见吧，我还以为你以后就一直住在家里了呢。"我说。

"家，是让人休息的地方！"他边说边向我挥手告别。